Je cuisine sans gluten et je me régale !

Pour des raisons de lisibilité, nous avons choisi d'écrire les marques déposées avec une majuscule, sans les faire suivre du sigle ™.

Clémentine
& Michel OLIVER

Je cuisine sans gluten et je me régale !

Photographies et stylisme culinaire : Emmanuel Renault

Albin Michel

Sommaire

Préface

Clémentine, fille de Michel… Michel, fils de Raymond… Raymond, fils de Louis… sans oublier Bruno et Guillemette (autres enfants prolixes de Michel)… la dynastie des Oliver perpétue de génération en génération un enseignement unique de la gastronomie, française en particulier.

Dans cet ouvrage, Clémentine, sous la houlette de son chef de père, conjugue la gastronomie sur le mode original de l'exclusion d'un nutriment, le gluten, hôte indésirable dans l'assiette de plus en plus de personnes… 20 % d'entre nous sont directement concernés et 70 % à des degrés divers. Il ne s'agit pas ici d'un manuel de diététique à proprement parler ni d'une ixième litanie de recettes attristées par trop d'interdits mais plutôt d'un recueil de poésie épicurienne de la table adressé amoureusement à ce corps n'assimilant pas bien le gluten. Sorte de panégyrique du bien-être nutritionnel…

Mais qu'est-ce que le gluten ? Et pourquoi en faire autant état maintenant ?

Le gluten est une protéine contenue dans les céréales, en plus grande quantité dans le blé, le seigle, l'orge et l'avoine. Depuis des millénaires, les hommes ont consommé une nourriture naturelle bien assimilée par leur tube digestif. L'hybridation des végétaux et leur culture intensive sont venues modifier la donne. C'est le gluten qui génère le levage de la pâte à pétrir d'où son utilisation privilégiée pour la fabrication du pain et des pâtes. Mais ses propriétés sont également utilisées par l'industrie alimentaire et l'industrie pharmaceutique dans de nombreux produits sans que cela soit toujours clairement stipulé.

Pour les produits céréaliers la reconnaissance du gluten est simple mais il est difficile de le débusquer là où on ne s'attend pas à le trouver : yaourts, crèmes glacées, fromages, conserves de viandes, charcuteries, sauces… où le gluten sert de liant. À surveiller donc les étiquettes où se trouvent indiqués : malt, amidon, protéines végétales… Sauf information contraire de leur brasseur, distillateur ou fabricant, les boissons alcoolisées à base de malt contiennent du gluten : bières, whisky, gin… sans oublier certains cosmétiques (rouge à lèvres) et certains médicaments notamment dans leur enrobage.

Chez les personnes concernées, l'ingestion de gluten entraîne une réaction immunitaire anormale dans l'intestin grêle. Les villosités intestinales, fondamentales pour l'assimilation des nutriments, se détruisent alors petit à petit par une inflammation chronique accompagnée souvent d'une insuffisance pancréatique et biliaire. Il peut s'agir d'une maladie d'origine génétique — c'est la maladie cœliaque, où interviennent des déficits enzymatiques —, ou d'une hypersensibilité pouvant être déclenchée par des facteurs environnementaux tels que les infections intestinales, en particulier virales, et le stress. Quoi qu'il en soit, il faut toujours suspecter cette intolérance au gluten devant un certain nombre de symptômes tels amaigrissement, fatigue, ballonnements intestinaux, anomalies du transit (surtout diarrhée mais aussi constipation), douleurs diffuses de type fibromyalgie, troubles de l'humeur… Ces symptômes n'étant pas pathognomoniques, il faut donc y penser systématiquement quand l'un ou l'autre s'installe durablement.

La première chose à faire est alors de déguster les recettes proposées par Clémentine. Si vous allez mieux rapidement c'est que ces désordres sont bien corrélés à une mauvaise assimilation du gluten. En cas de doute, il vous faudra consulter votre médecin qui confirmera ou non le diagnostic par des examens biologiques appropriés.

Outre les éléments précédemment évoqués, la réalité du monde, dit « moderne », majore l'intolérance au gluten par l'utilisation de facteurs toxiques comme les métaux lourds (pour ne parler que d'eux…) : plomb, cadmium, aluminium, mercure, etc., contenus dans les amalgames dentaires, cigarettes, vaccins, conservateurs alimentaires, pesticides… Un cercle vicieux s'installe. Les métaux concernés s'offrent en armes lourdes aux « cereals killers » et le massacre commence… Ils s'accumulent dans l'organisme, inhibant les enzymes qui devraient dégrader le gluten. L'empoisonnement chronique fait son œuvre. Les peptides du gluten franchissent la barrière intestinale, déjà abîmée par les métaux lourds et les virus, et passent dans le sang pour produire leurs méfaits en particulier sur le système nerveux.

L'association à l'intolérance au gluten de l'intolérance à la protéine du lait (la caséine) et au sucre du lait (le lactose) est très fréquente. Les mêmes causes produisant les mêmes effets, pour ne parler que de ce qui nous concerne ici…

Clémentine a donc eu l'intelligence de proposer dans nombre de ses recettes une alternative aux produits laitiers. Son tour de force est de privilégier les saveurs, en faire découvrir de nouvelles et donc de faciliter le changement d'habitude par une cuisine ludique et gastronomique.

Il ne saurait y avoir de bonne cuisine sans la connaissance de l'âme de ses composants et sans le respect du corps qui l'assimile.

En complément indispensable de la nutrithérapie conventionnelle, Clémentine ouvre la voie de la « gourmethérapie »… là où le plaisir gustatif se confond avec habileté avec les exigences, spécifiques à chacun, de la bonne santé, à tel point qu'elle réussit la gageure de nous faire oublier la notion même de régime.

Docteur Jean-Claude Poilpré
Médecin généraliste

Avant-Propos

Aussi loin que je me souvienne la nourriture occupe une place centrale dans ma famille. Nos réunions sont bruyantes, vivantes et goûteuses. Toutes sortes de mets ornent la table et la cuisine, et chaque occasion est bonne pour déguster, tester et élaborer de nouveaux plats.

À 37 ans, je souffrais depuis huit ans de la région du ventre et de différents symptômes associés, la dernière année ayant été particulièrement difficile. Les médecins que je consultais à cette époque avaient fixé un diagnostic gynécologique qui m'amenait à prendre des antalgiques tous les jours et des médicaments très puissants huit à dix jours par mois. Sans parler des traitements qui m'avaient fait prendre neuf kilos en trois semaines et avaient déclenché d'autres problèmes de santé. La seule solution qui m'était alors proposée était une opération. Mais quelque chose au fond de moi me disait que ça ne résoudrait rien.

En juin 2010, mon ostéopathe me recommande une naturopathe. Après m'avoir questionnée sur mon alimentation et mes réactions provoquées par l'ingestion de certains aliments, cette dernière m'explique que mon corps ne digère plus rien et me recommande de supprimer les produits laitiers, ainsi que ceux contenant du sucre raffiné et du gluten.
« Mais c'est quoi le gluten ? » On en trouve dans le blé, le seigle, l'avoine, l'orge donc dans ce qui en est constitué comme les pâtes, le pain, les viennoiseries. On touchait à mes essentiels, c'était dur à avaler. Curieuse, je tente quand même le coup ; les douleurs s'arrêtent dans le mois et je retrouve la forme. Je continue l'expérience les deux mois suivants et tout va pour le mieux : plus de douleurs, plus d'antalgiques, le moral revient.

Peu à peu, je réintroduis les produits comportant du sucre raffiné, tout se passe bien. Je réintroduis les produits laitiers, ça va toujours bien, puis je croque avec gourmandise dans une miche de pain et là, dans l'heure qui suit, à nouveau : aphte au palais, le ventre qui se met à gonfler douloureusement et direction les toilettes pendant un bon moment... Plus tard, je mange joyeusement du saucisson sans penser une seconde qu'il peut contenir du gluten et hop tout repart.

Il a fallu que je vive beaucoup d'expériences de ce type avant de découvrir qu'il y avait du gluten dans de nombreux aliments et d'admettre que de simples traces de ce dernier suffisaient pour me rendre malade pendant plusieurs jours.

Quand mon père est à Paris, je déjeune chez lui le dimanche. Connaissant mon problème, il a concocté des délicieux repas sans gluten. Après trois repas faits par ses soins, m'est venue l'idée de faire un livre de recettes reprenant les saveurs que j'aime le plus en les adaptant. Petit problème : je cuisine mais ce n'est pas mon métier, d'autant qu'avant de savoir que j'avais cette maladie, je cuisinais beaucoup en suivant les recettes de la famille. Là, il fallait interpréter ; j'ai demandé à mon père s'il voulait bien m'aider et il a accepté. Merci *Super Chef* !

Nous avons travaillé de concert pendant plus d'un an en refaisant chaque recette au moins trois fois avant d'arriver au résultat souhaité.

Toutes nos recettes, garanties sans gluten et 100 % gourmandes, s'adressent à tous ceux qui aiment les plaisirs de la table, alors bon appétit !

Clémentine Oliver

Vous n'allez pas me croire mais, en une année, j'ai rajeuni de 60 ans.
La raison : je me suis retrouvé dans la peau de l'apprenti cuisinier que j'étais il y a bien longtemps.
Lorsque Clémentine m'a demandé de l'aider pour son livre j'ai spontanément accepté sans imaginer la suite.
Faire une recette sans gluten semble relativement facile quand on ne connaît pas tous les interdits.
Et puis on se pique au jeu.
Et pourquoi ne pas alléger ?
Et pourquoi ne pas éviter au maximum les produits laitiers ?
Tout cela, bien sûr, sans que ce soit au détriment du goût.
Arrive alors le moment où on cherche de nouvelles pistes.
Essayez, par exemple, les côtes d'agneau « à la niçoise » qui ne ressemblent à aucune recette connue.

L'évolution de la cuisine doit passer, soit par de nouveaux matériaux, soit par de nouveaux produits, soit par de nouvelles approches de l'équilibre, de la forme et de la santé.
J'ai été étonné de constater combien la suppression du gluten avait amélioré ma digestion et ma ligne.
Le temps approche où d'excellents restaurants « sans gluten » verront le jour.
De la même façon que les grands chefs se passionnent aujourd'hui pour les légumes, ils se lanceront demain de nouveaux défis pour le plus grand bonheur de la cuisine française.
Je reste quand même l'impénitent gourmand qui craquera toujours pour un repas de copains à l'ancienne.
Que ce livre vous apporte tous les plaisirs que vous croyiez interdits.

Vive la vie et bon appétit.

Michel Oliver

Le gluten peut être caché

Notre alliée : l'expérience

Le gluten est un terme générique désignant des protéines que l'on trouve dans des céréales plus ou moins panifiables comme le blé, le seigle, l'orge l'avoine, le kamut, l'épeautre, le triticale (hybride du seigle et du blé)...

Les intolérants au gluten doivent donc supprimer de leur alimentation ces céréales susceptibles de les rendre malades. Contraignant, certes, mais finalement assez simple, me direz-vous. Et pourtant... La réalité peut s'avérer beaucoup plus surprenante, croyez-en mon expérience.
Par exemple, vous faites vos courses en grande surface ou en supérette, vous achetez du jambon (produit que vous supposez sans gluten), vous le mangez, et hop ! Tous les symptômes de l'intolérance au gluten se manifestent... Même expérience avec la crème fraîche...
Comment imaginer que ces produits puissent contenir du gluten ? En s'y intéressant de plus près, on découvre du gluten dans certains jambons (sous la forme d'arômes, épices ou conservateurs contenant du gluten), dans certaines crèmes fraîches épaisses (si elles sont épaissies avec de l'amidon modifié), dans certains vinaigres de vin (selon les levures utilisées pour leur fermentation)...

Je rêve d'un jour où chaque produit sera clairement étiqueté « avec gluten » ou « sans gluten ». Aujourd'hui, cette mention n'est portée que sur quelques produits, parfois en tout petit, parfois de manière plus lisible grâce au logo d'un épi de blé barré. Mais la plupart du temps, c'est avec l'expérience que l'on sait si notre corps va tolérer ou non tel ou tel produit a priori sans gluten.
Vous trouverez donc ci-dessous une liste d'ingrédients classés par familles de produits.

Cet inventaire n'est pas exhaustif, nous avons détaillé ici les produits utilisés dans nos recettes uniquement, et je vous conseille de vous reporter aux listes plus complètes des aliments autorisés, interdits ou à risque, en vous référant aux sites www.glutivix.eu/vivi/ et www.afdiag.fr.

Mais rien ne vaut l'expérience personnelle, car tous les intolérants au gluten n'ont pas les mêmes niveaux de sensibilité. Alors commencez par vérifier les étiquettes des produits que vous achetez pour trouver les mentions à éviter (voir ci-dessous) sous lesquelles se cache le gluten et testez les produits.

Pour vous faciliter la tâche, la plupart des produits utilisés dans nos recettes se trouvent en grande surface, en supérette et/ou en magasin bio.

Les mentions à traquer sur les étiquettes

Le gluten peut se cacher derrière diverses appellations.
Il faut donc être particulièrement attentif avant d'acheter des aliments préparés ou tout autre produit qui contiendrait les mentions suivantes :

- agents anti-agglomérants
- amidon de blé ou de céréales interdites (ou non spécifié)
- amidon modifié
- blé
- épaississants
- liant protéinique végétal
- malt
- malt (extrait de)
- malt d'orge
- matières amylacées

– matières grasses allégées
– orge
– protéines végétales
– protéines végétales hydrolysées et texturées...

Et pour les plus sensibles :
– dextrine
– dextrose de blé
– maltodextrine
– sirop de glucose de blé...

Même sous forme de traces, ces éléments peuvent contenir du gluten caché.

Traces de gluten

La mention « Peut contenir des traces de gluten » sur des aliments qui en sont naturellement exempts, comme la polenta, le gingembre confit ou certaines farines (comme le sarrasin) est liée à ce que l'on appelle « la contamination croisée ». Des aliments contenant du gluten sont produits dans un lieu, leur manipulation a laissé des traces de gluten, qui se déposent ensuite sur d'autres aliments, initialement exempts de gluten, mais contaminés car travaillés au même endroit... Par principe de précaution, les industriels mentionnent la présence possible de traces de gluten sur ces produits. Il suffit alors de s'en détourner et d'en choisir d'autres.

Les produits à vérifier

Les produits ci-dessous sont identifiés dans les recettes des pages suivantes par un logo ⚠ signifiant leur risque potentiel. Cette liste a pour but de présenter au lecteur certaines mises en garde, ainsi que des alternatives à ces produits.

Farines

Pour remplacer la **farine de blé**, présente dans de nombreuses recettes de cakes, pâtes à tartes, pains ou pizzas, nous avons utilisé soit des farines garanties sans gluten (voir ci-dessous), soit des mix qui sont des mélanges de différentes farines également garanties sans gluten. Nous avons choisi des farines sécurisées, sans contamination croisée. On les trouve toutes en magasin bio ou sur Internet, sous différentes marques, mais aussi de plus en plus souvent en grande surface.

* **Farine de riz blanc bio** (France Aglut)
* **Farine de sarrasin bio** (« Ma vie sans gluten », Priméal)
* **Farine de maïs bio** (« Ma vie sans gluten », Priméal)

* La **gomme de guar**, utilisée auparavant dans les mix faits maison, a disparu du marché. Nous l'avons remplacée (après de nombreux essais) par du **psyllium blond en poudre**, appelé également ispaghul, disponible en magasin bio, sur Internet, ou en pharmacie sous le nom « Mucivital Ispaghul sachets » (Arkopharma).

* **Mix pain et Mix pâtisserie**. Mix Pane Mix B (Schär) pour les recettes salées et les pains et Mix Pâtisserie Mix C (Schär) pour les recettes sucrées. Si vous utilisez des mix d'autres marques que celle utilisée pour ce livre, le résultat sera différent car chaque mix a sa propre composition.
Ces mix se trouvent en grande surface, non pas au rayon des farines mais au rayon des produits sans gluten, souvent placé à proximité du rayon des produits bio. On les trouve aussi sur Internet.

* **Mix « faits maison »**. Nous avons mis au point des mix économiques qui s'utilisent dans les mêmes quantités que les mix cités ci-dessus et donnent exactement le même résultat.

Mix pain fait maison	**Mix pâtisserie fait maison**
Pour 1 kg 520 g de Maïzena tamisée 480 g de farine de riz blanc 15 g de psyllium (ou 3 cuil. à soupe rases) 1 belle cuil. à café de sel	**Pour 1 kg** 520 g de Maïzena tamisée 480 g de farine de riz blanc 15 g de psyllium (ou 3 cuil. à soupe rases)
Pour les recettes salées et les pains.	Pour les recettes sucrées.

Pour réaliser nos mix, mettez tous les ingrédients dans un sac plastique et secouez : votre mélange sera homogène.

Astuce
Des traces de gluten étant suffisantes pour déclencher les symptômes de l'intolérance, j'ai découvert certaines précautions à observer : j'ai un grille-pain qui ne sert qu'aux produits sans gluten et je découpe toujours mon pain sur un endroit exempt de gluten. Et ce qui vaut pour le pain, vaut pour le reste...

* **Maïzena.** Si vous préférez utiliser un produit d'origine biologique, remplacez la Maïzena de nos recettes par de la **fécule de maïs sans gluten** disponible en magasin bio. Celle de chez Bioculinair, par exemple, peut très bien convenir.

Levures

* La plupart des **levures chimiques** vendues dans le commerce contiennent du gluten. Nos pâtes pour les cakes, pains et pizzas sont faites avec de la **levure de boulanger déshydratée sans gluten**. Celle que j'ai trouvée dans le commerce, spécifiée sans gluten (attention : c'est écrit en tout petit sur le dessus du paquet), est la Levure du boulanger Briochin (Alsa), conditionnée en sachets de 5 g. On la trouve en grande surface. Il existe d'autres marques en magasin bio.
Bon à savoir : un sachet de 10 g est inclus dans chaque paquet de 1 kg de Mix Pane Mix B de la marque Schär (attention, il n'y en a pas dans le Mix Pâtisserie Mix C).

Crèmerie

* **Crème fraîche épaisse.** Certaines contiennent du gluten quand elles ont été épaissies avec de l'amidon modifié. Il vaut mieux choisir les plus naturelles possibles.
* **Margarine.** Mieux vaut la choisir végétale non hydrogénée (bio de préférence).
* **Fromage râpé.** Ne l'achetez jamais déjà râpé. Achetez-le en morceaux et râpez-le vous-même.

Charcuterie

* **Jambon.** Il fait partie des aliments à risque. Heureusement, il en existe d'excellents spécifiés « sans gluten » dans les grandes surfaces (Citterio).
* **Lardons.** Ceux vendus en sachets contiennent des traces de gluten. Mieux vaut alors acheter un morceau de lard chez votre boucher et le découper en petits dés vous-même.

Chocolat

* En ce qui concerne le **chocolat**, les traces de gluten sont généralement spécifiées. Je choisis du chocolat à 70 % de cacao, sans additif de goût ni de saveur. Il existe également d'autres chocolats moins forts en cacao identifiés sans gluten.

Sucre

* Le **sucre glace** nécessite une lecture de l'étiquette : il faut vérifier qu'il comporte bien de l'amidon de pomme de terre et non de l'amidon de blé ou non spécifié. J'utilise le sucre glace Saint-Louis.

Épices

* **Épices.** Elles sont également à vérifier, avec une mention spéciale pour le curry en poudre, à cause des anti-agglomérants qu'il contient. Pour ma part, je choisis des épices bio vendues sous conditionnement et non en vrac, de la marque Cook, disponible en magasin bio.
* **Poivre.** Le poivre blanc est à éviter mais le poivre noir du moulin peut régaler vos papilles.

Sauces et condiments

* **Vinaigre.** Apparemment inoffensifs, certains vinaigres peuvent cependant provoquer des réactions d'intolérance, selon les levures utilisées lors des procédés de fermentation, et s'ils contiennent des additifs qui auront en plus modifié leur goût. Le vinaigre de malt est totalement proscrit.

En revanche, vous ne courez aucun danger avec le vinaigre de vin blanc, le vinaigre de riz et le vinaigre d'alcool.
* **Moutarde.** Elle demande une attention particulière (voir les mentions à traquer pp. 13-14).
* **Sauce de soja.** Elle contient souvent du blé ; vous pouvez vous procurer la Tamari Strong de chez Lima, spécifiée sans gluten et disponible en magasin bio.
* **Coulis de tomate.** Le seul que j'ai trouvé spécifié sans gluten est celui de la marque Heinz. J'ai aussi mis au point ma propre recette, la fondue de tomates présentée p. 141 de notre livre.
* Idem pour les **ketchup, mayonnaise, vinaigrette, citronnette** ou **sauce béarnaise**, présentés dans notre livre (pp. 139 à 143).

Bouillons

* **Bouillon de légumes.** Je n'en ai jamais trouvé dans le commerce ne contenant pas de gluten, j'ai donc mis au point ma propre recette, présentée dans notre livre p. 138.

Avec ces précautions et grâce à nos recettes, j'ai enfin retrouvé le plaisir de manger ce que je croyais devoir abandonner : un délicieux petit déj' avec viennoiseries ou un repas convivial entre amis avec apéro, entrée, plat et dessert, sans me soucier des réactions de mon organisme.
Un de mes plus grands plaisirs étant celui de partager, je suis heureuse de voir mes convives se régaler et ne pas remarquer la différence entre les recettes avec et sans gluten.

***Pour les personnes ne tolérant pas les produits laitiers**, une solution de remplacement est indiquée pour chaque recette concernée : le lait de vache est ainsi remplacé par du lait de soja et le beurre par de la margarine.*
De plus, les recettes ne contenant pas de produits laitiers sont identifiables grâce à l'index en fin d'ouvrage.

Blinis

Préparation : 15 min • Repos de la pâte : 2 h • Cuisson : 15 min

Pour 24 blinis

* 150 g de farine de sarrasin
* 200 g de farine de maïs
* 1 sachet de 5 g de levure du boulanger Briochin (Alsa)
* 30 cl de crème liquide ⚠
* 15 cl de lait entier
* 1 yaourt
* 3 œufs
* Beurre (pour la cuisson)
* Huile d'olive
* Sel fin

1 *Au moins 2 h avant le repas*

– Dans un petit saladier, mélangez la levure au lait tiède. Ajoutez la farine de sarrasin et mélangez pour obtenir une pâte épaisse.
– Séparez le blanc et le jaune des œufs, mettez les blancs dans un bol que vous réservez au réfrigérateur.
– Versez la crème liquide dans le saladier contenant les jaunes. Ajoutez le yaourt et 1 cuil. à café bien pleine de sel. Mélangez avec le fouet à main.
– Ajoutez alors la farine de maïs et mélangez. Ajoutez la pâte épaisse de sarrasin et mélangez longuement avec le fouet à main. Vous obtenez une pâte qui a la consistance de la crème fraîche.
– Couvrez le saladier avec un film étirable et mettez-le dans un endroit chaud de la cuisine pour 2 h ou plus.

2 *Au moment du repas*

– Préchauffez votre four à 90 °C (th. 3).
– Sortez les blancs d'œufs du réfrigérateur, ajoutez 1 pincée de sel et, avec un fouet électrique, montez-les en neige pas trop ferme.
– La pâte à blinis a bien gonflé. Avec une spatule en caoutchouc, mélangez-la pour la faire retomber, ajoutez les blancs en neige et mélangez délicatement.

3 – La pâte à blinis est prête à cuire. Posez une grande poêle sur feu moyen et mettez-y 1 cuil. à soupe de beurre et 1 cuil. à soupe d'huile d'olive.
– Dès que le beurre chante, prenez une grosse cuil. à soupe de pâte et posez-la dans la poêle, recommencez 3 fois pour faire 4 tas séparés qui vont s'étaler un peu. Laissez dorer environ 1 min, retournez les blinis avec une spatule pour les laisser dorer de l'autre côté (environ 1 min 30).
– Rangez-les sur le plat de service que vous mettez au four pour les tenir au chaud. Essuyez la poêle, remettez chaque fois un peu de beurre et d'huile d'olive pour faire au total environ 24 blinis croustillants, gonflés et délicieux.

Carottes à la marocaine

Préparation : 10 min • Cuisson : 30 min

Pour 4 personnes

* 8 carottes
* 4 gousses d'ail
* 1 cuil. à soupe de vinaigre de vin blanc
* 2 cuil. à café de cumin en poudre ⚠
* 1/2 cuil. à café de curcuma ⚠
* 1/2 cuil. à café de gingembre en poudre ⚠
* 3 cuil. à soupe d'huile d'olive
* Sel fin

1 – Pelez les carottes, ôtez leurs extrémités, et coupez-les en rondelles d'environ 5 mm d'épaisseur.
– Épluchez l'ail et coupez les gousses en deux dans le sens de la longueur, débarrassez-les de leur germe central et hachez-les finement.

2 – Mettez l'huile d'olive dans une casserole posée sur feu doux, ajoutez les carottes, salez, mélangez, ajoutez l'ail, le cumin, le curcuma, le gingembre, le vinaigre de vin blanc et mélangez bien. Faites revenir à découvert jusqu'à évaporation du liquide.
– Ajoutez de l'eau à peine à hauteur des carottes et montez le feu (fort).
– À ébullition baissez le feu (moyen) pour obtenir une petite ébullition, couvrez la casserole et laissez cuire 15 min. S'il reste du liquide, laissez cuire à découvert jusqu'à évaporation complète du liquide en remuant souvent.
– Rectifiez l'assaisonnement en sel à votre goût.

3 – Laissez refroidir avant de servir.

Dip thon-avocat

Préparation : 15 min

Pour 4 personnes

* 1 boîte de thon au naturel (140 g net égoutté)
* 1 yaourt
* 2 avocats
* 3/4 citron (jus)
* 1 cuil. à café de moutarde forte ⚠
* Sel fin
* Poivre noir du moulin ⚠

1 – Coupez les avocats en deux pour enlever le noyau et, avec une cuillère à café, videz-les petit à petit de leur chair que vous mettez dans un bol. Arrosez-les immédiatement avec le jus du citron et mélangez.

2 – Ajoutez le thon égoutté et émietté, la moutarde et le yaourt. Salez et poivrez à votre goût.

3 – Versez le tout dans un grand mixeur et réduisez en une belle purée verte que vous versez dans un bol. Servez avec des crudités en bâtonnets, des tomates cerises, des radis, etc.

Mon truc en plus

* Comme son nom l'indique, « dip » nous invite à tremper joyeusement les crudités à disposition. Cet apéro a fait fureur auprès de tous mes convives et j'ai eu un mal fou à tenir la recette secrète jusqu'à aujourd'hui.
* Grâce au citron, on peut réaliser cette recette 3 à 4 h à l'avance sans que l'avocat noircisse.

Cake aux olives

Préparation : 20 min • Levée de la pâte : 30 min • Cuisson : 50 min

Pour 1 cake

* 250 g de mix pain « maison » (p. 14) ou de Mix Pane Mix B (Schär)
* 1 sachet de 5 g de levure du boulanger Briochin (Alsa)
* 4 œufs
* 150 g d'emmental ⚠
* 1 pot d'olives vertes dénoyautées (160 g net égoutté)
* 1 pot d'olives noires dénoyautées (160 g net égoutté)
* 15 cl de vin blanc sec
* 15 cl d'huile d'olive + 1 cuil. à soupe (pour le moule)

Ustensile

1 moule à cake de 26 cm de long

1 – Préchauffez votre four à 180 °C (th. 6).
– Rincez soigneusement les olives vertes et noires et laissez-les égoutter dans une passoire.
– Râpez l'emmental sur le gros côté de la râpe. Réservez.

2 – Mettez dans un grand saladier le mix, la levure et, sans arrêter de mélanger avec une cuillère en bois, ajoutez les œufs un à un, en attendant à chaque fois que l'œuf soit complètement incorporé avant d'ajouter le suivant. Puis, petit à petit, ajoutez 15 cl d'huile d'olive (toujours en mélangeant) et, une fois qu'elle est incorporée, ajoutez le vin blanc.
– Finissez de mélanger au fouet à main. Ajoutez alors les olives égouttées et mélangez à la spatule en caoutchouc, puis ajoutez en pluie l'emmental râpé et mélangez longuement.
– Huilez un moule à cake avec 1 cuil. à soupe d'huile d'olive et versez la pâte dedans. Placez le moule dans un endroit chaud et sans courant d'air pour laisser monter la pâte pendant 30 min.

3 – Quand la pâte a levé, mettez le moule sur une plaque à mi-hauteur du four et faire cuire le cake 50 min.
– Sortez-le alors du four, attendez une quinzaine de minutes (pas plus) avant de le démouler avec délicatesse, mettez-le ensuite sur une grille et laissez-le complètement refroidir à l'air libre.

Variante

Mini-cakes aux olives. Coupez les olives égouttées en quatre, huilez des moules à mini-cakes, versez la pâte et enfournez, en vérifiant la cuisson avec la lame d'un couteau ; elle doit ressortir sèche. C'est à vous, selon vos moules, de déterminer le bon temps de cuisson. Sortez les moules du four et laissez tiédir avant de démouler sur une grille.

Mes trucs en plus

* N'hésitez pas à détourner certains petits moules pour transformer ce cake en bouchées apéritives (il faudra alors trouver la bonne cuisson).
* Si vous parvenez à patienter jusqu'au lendemain pour le déguster, ça vaut le coup, c'est bien meilleur !

Fougasse au romarin

Préparation : 20 min • Levée de la pâte : 2 × 30 min • Cuisson : 25 min par fougasse

Pour 2 fougasses

* 400 g de mix pain « maison » (p. 14) ou de Mix Pane Mix B (Schär) + 6 cuil. à soupe
* 2 sachets de 5 g de levure du boulanger Briochin (Alsa)
* 1 jaune d'œuf
* 2 cuil. à soupe de romarin grossièrement concassé
* 15 cl d'huile d'olive
* Sel fin

1 – Mettez dans un grand saladier 400 g de mix et la levure. Ajoutez petit à petit, en mélangeant avec une cuillère en bois, 35 cl d'eau tiède, 15 cl d'huile d'olive et 1 cuil. à café de sel. Mélangez bien avec la cuillère en bois, puis avec le fouet électrique en utilisant les batteurs malaxeurs (ceux qui sont en forme de ressort), à une vitesse entre moyenne et forte pendant 10 min.
– Une fois la pâte malaxée, ajoutez le romarin concassé grossièrement et mélangez bien avec la cuillère en bois de façon à bien l'incorporer.
– Laissez lever pendant 30 min dans l'endroit le plus tiède de votre habitation et sans courant d'air.

2 – Après cela, séparez la pâte en deux et farinez largement de mix le plan de travail préalablement bien nettoyé. Les pâtes sont très collantes, posez une pâte sur le mix et farinez-en largement le dessus.
– Avec votre main, commencez à l'écraser jusqu'à ce qu'elle prenne la taille d'une assiette à dessert. Posez-la alors sur la plaque du four préalablement recouverte de papier sulfurisé légèrement fariné de mix. Saupoudrez légèrement de mix le dessus de la pâte et en appuyant avec le plat de la main étalez-la jusqu'à ce qu'elle prenne la taille d'une très grande assiette.
– Avec un couteau pointu, faites une incision (jusqu'à traverser la pâte) sur 6 cm de longueur dont vous écartez les bords avec vos doigts. Recommencez 3 autres fois pour couvrir votre pâte de 4 belles incisions.
– Posez la plaque dans l'endroit le plus chaud de la cuisine et laissez gonfler pendant 30 min.

Mon truc en plus
À défaut de romarin frais, vous pouvez utiliser du romarin séché et le hacher dans un petit mixeur.

•••

3 – Pendant ce temps, préchauffez votre four à 150 °C (th. 5).
– Une fois la pâte levée, versez 1 cuil. à café d'eau froide dans le jaune d'œuf, mélangez et, avec un pinceau, enduisez très légèrement toute la surface de la fougasse. Ouvrez le four préchauffé, placez la plaque à mi-hauteur et enfournez pour environ 25 min de cuisson.
– Recommencez l'opération avec la deuxième pâte pour la deuxième fougasse.

Variantes

Fougasse à l'emmental. Remplacez le romarin par 250 g d'emmental ⚠ que vous râpez.

Fougasse aux anchois. Remplacez le romarin par des filets d'anchois à l'huile ; pour deux fougasses, comptez 2 petites boîtes de 50 g chacune soit environ une vingtaine de filets d'anchois à l'huile que vous coupez en tronçons de 1 cm et, comme les anchois sont déjà salés, baissez la quantité de sel en ne mettant qu'1/2 cuil. à café de sel pour la pâte des deux fougasses.

Pizza aux anchois et aux olives noires

Préparation : 30 min • Levée de la pâte : 30 min • Cuisson : 13 min par pizza

Pour 3 pizzas

Pour la pâte

* 400 g de mix pain « maison » (p. 14) ou de Mix Pane Mix B (Schär) + 7 cuil. à soupe
* 2 sachets de 5 g de levure du boulanger Briochin (Alsa)
* 3 cuil. à soupe d'huile d'olive + 1 cuil. à soupe
* 1 grosse pincée de sel fin

Pour la garniture de 1 pizza

* 1 boule de mozzarella de bufflonne (125 g net égoutté)
* 1/2 oignon (coupé dans le sens horizontal)
* 1 petite boîte de filets d'anchois à l'huile de 50 g (environ 10 filets)
* 10 cl de coulis de tomate ⚠
* 7 olives noires dénoyautées

1 – Dans un grand saladier, mélangez 400 g de mix, la levure et 30 cl d'eau tiède avec une cuillère en bois. Ajoutez 3 cuil. à soupe d'huile d'olive, le sel, mélangez, puis continuez au fouet électrique muni de batteurs malaxeurs (en forme de ressort), à une vitesse entre moyenne et forte pendant 5 min. Laissez lever la pâte pendant 30 min dans un endroit tiède et sans courant d'air. Préchauffez votre four à 240 °C (th. 8).

2 – Pendant ce temps, préparez la garniture d'une des pizzas. Épluchez le 1/2 oignon et coupez-le en fines rondelles. Coupez les olives noires en deux dans la longueur. Découpez en fines lamelles la boule de mozzarella.

3 – Au bout des 30 min de levée de la pâte, séparez celle-ci en trois pâtons et farinez largement de mix le plan de travail. Posez 1 pâton sur la farine et farinez-en largement le dessus. Avec votre main, commencez à l'écraser jusqu'à ce que la pâte prenne la taille d'une assiette à dessert. Poudrez légèrement de mix le dessus de la pâte et, avec un rouleau à pâtisserie, étalez-la jusqu'à ce qu'elle prenne la taille d'une grande assiette (pâte très fine).

4 – Recouvrez la plaque du four de papier sulfurisé légèrement fariné de mix. Enroulez la pâte autour du rouleau à pâtisserie, puis déroulez-la sur la plaque et égalisez les bords avec un couteau.
– Versez le coulis de tomate sur la pâte en l'étalant délicatement avec le dos d'une grande cuillère. Disposez les filets d'anchois en étoile, en partant du milieu de la pizza. Parsemez les rondelles d'oignon sur toute la surface de la pizza, disposez les olives dans le milieu des rondelles d'oignon, puis les lamelles de mozzarella sur le dessus de la pizza.
– Enfournez la pizza à mi-hauteur pour 13 min de cuisson. En la sortant du four, arrosez-la de 1 cuil. à soupe d'huile d'olive.
– Congelez les autres pâtons ou utilisez-les pour faire par exemple une *Pizza au thon et au poivron vert* (p. 28) et une autre de votre convenance.
– Servez avec de la roquette.

•••

Pizza aux anchois et aux olives noires (suite)

* 1 boîte de thon au naturel (160 g net)
* 1 boule de mozzarella de bufflonne (125 g net égoutté)
* 1/2 poivron vert
* 1/2 oignon
* 10 cl de coulis de tomate ⚠
* 7 olives noires dénoyautées
* Huile d'olive
* Tabasco
* Sel fin

Variante

Pizza au thon et au poivron vert. Salez le coulis de tomate avec 2 pincées de sel, avant de le verser sur la pâte à pizza étalée. Émiettez le thon égoutté sur toute la surface de la pizza. Lavez et essuyez le 1/2 poivron vert, coupez-le en deux dans la largeur, puis en fines rondelles, salez-les. Parsemez les rondelles de poivron sur le thon. Épluchez le 1/2 oignon puis coupez-le en fines rondelles. Parsemez les rondelles d'oignon sur la pizza. Disposez dessus les olives coupées en deux dans la longueur. Coupez en fines lamelles la boule de mozzarella, puis répartissez ces lamelles sur le dessus de la pizza. Enfournez à mi-hauteur pour 20 min de cuisson. En sortant la pizza du four, arrosez-la d'un filet d'huile d'olive et de quelques gouttes de Tabasco.

Pain au thym et au romarin

Préparation : 20 min • Levée de la pâte : 30 min • Cuisson : 50 min

Pour 1 pain

* 500 g de mix pain « maison » (p. 14) ou de Mix Pane Mix B (Schär)
* 2 sachets de 5 g de levure du boulanger Briochin (Alsa)
* 3 cuil. à soupe d'huile d'olive + 1 cuil. à soupe
* 1 cuil. à soupe de romarin frais grossièrement concassé
* 1 cuil. à soupe de thym séché
* Sel fin

Ustensile

1 moule à cake (26 cm de long)

1 – Mettez dans un grand saladier le mix, la levure, 50 cl d'eau tiède et mélangez avec une cuillère en bois.
– Ajoutez 3 cuil. à soupe d'huile d'olive, 1 cuil. à café de sel, le thym, le romarin concassé. Mélangez avec une cuillère en bois, puis avec le fouet électrique en vous servant des batteurs malaxeurs (ceux qui sont en forme de ressort), à une vitesse entre moyenne et forte pendant 10 min. Pendant ce temps, préchauffez votre four à 200 °C (th. 6-7).

2 – Huilez le moule à cake avec 1 cuil. à soupe d'huile d'olive et versez la pâte dedans. Placez le moule dans un endroit chaud et sans courant d'air pour laisser monter la pâte pendant 30 min.

3 – Une fois la pâte levée, ouvrez le four préchauffé, placez la plaque à mi-hauteur, disposez dessus un petit saladier en Pyrex rempli d'eau et mettez le moule à côté, sur la plaque. Fermez rapidement le four pour 50 min de cuisson.
– Une fois sorti du four, laissez tiédir votre pain avant de le démouler, mettez-le ensuite sur une grille et laissez-le complètement refroidir à l'air libre.

Mon truc en plus

À défaut de romarin frais, vous pouvez utiliser du romarin séché et le hacher dans un petit mixeur.

Pensez-y !

Voici quelques idées d'apéros dans lesquels vous êtes sûrs qu'il n'y a **pas de gluten, s'ils sont « faits maison » et sous réserve d'avoir vérifié les ingrédients suspects au début du livre (voir « Le gluten peut être caché », p. 13)** :

* Caviar d'aubergines
* Cuillères d'endives/saumon/crevettes
* Guacamole
* Houmous
* Mousse de crabe
* Poivronnade
* Purée d'avocats/tomates
* Rillettes aux deux saumons
* Tapenade
* Tarama
* Tzatziki

Vous pouvez tartiner certains de ces apéros sur nos *Blinis* (p. 18), notre *Pain de mie au lait* (p. 136), notre *Pain au thym et au romarin* (p. 29), notre *Pain d'épices* (p. 130), notre *Fougasse au romarin* (p. 24).

Et pensez à décliner nos recettes en portions individuelles :

* *Cakes aux olives* (et ses variantes) (p. 22)
* *Clafoutis de tomates cerises au cumin* (p. 84)
* *Crêpes* (p. 128)
* *Nuggets de poulet* au *Hot ketchup* (pp. 78 et 140)
* *Pancakes de pommes de terre* (p. 88)
* *Pizzas* (p. 26)
* *Polenta* (p. 87)

Tartare d'avocat au crabe

Préparation : 15 min

Pour 4 personnes

* 1 boîte de chair de crabe (140 g net égoutté)
* 100 g de fromage blanc battu
* 2 avocats bien mûrs
* 100 g de roquette (1 sachet)
* 1 pomme granny-smith
* 1/2 citron (jus)
* Tabasco
* Sel fin

Ustensile

1 cercle (ø 8 cm)

Si vous n'avez pas de cercle, servez-vous de la boîte de crabe que vous ouvrez de chaque côté avec un ouvre boîte, nettoyez bien la boîte puis essuyez-la ; voilà, vous avez un cercle de 8 cm de diamètre !

1 – Égouttez la chair de crabe et émiettez-la dans une assiette en éliminant soigneusement les cartilages. Réservez.
– Pressez le citron et mettez le jus dans un grand saladier.
– Épluchez la pomme, coupez-la en cubes de 5 mm que vous mettez dans le saladier avec le jus de citron et mélangez bien.
– Coupez les avocats en cubes de 5 mm, mettez-les dans le saladier avec la pomme et le citron et mélangez bien.
– Ajoutez dans le saladier le crabe émietté et le fromage blanc battu.

2 – Lavez et essorez la roquette puis coupez-en 80 g (réservez le reste) en chiffonnade au-dessus du saladier.
– Mélangez bien tous les ingrédients dans le saladier et assaisonnez à votre goût avec du sel et du Tabasco.

3 – Mettez le quart du tartare dans un cercle de 8 cm (disposé sur une des assiettes de service), tassez bien avec le dos d'une cuillère. Puis retirez le cercle doucement. Disposez des feuilles de roquette en rond autour. Recommencez cette opération trois fois. Servez.

Mon truc en plus

* Avant de mettre les ingrédients dans le cercle, mouillez-en les rebords intérieurs avec de l'eau froide, la préparation glissera plus facilement.
* On peut préparer cette entrée 1 h à l'avance à condition de la garder au réfrigérateur (sinon, l'avocat va noircir).

Millefeuilles de betterave à la féta

Préparation : 35 min

Pour 4 personnes

* 3 belles betteraves cuites
* 200 g de féta
* 3 grosses cuil. à soupe de crème fraîche épaisse ⚠
* 1 gros bouquet de basilic (soit 40 feuilles + 10)
* Poivre noir du moulin ⚠

Pour décorer

10 feuilles de basilic

Pour la citronnette

* 1/2 citron (jus)
* 10 cl d'huile d'olive
* Sel fin

1 – Pelez les betteraves et coupez-les en tranches de 1 cm d'épaisseur. Posez un verre retourné sur une tranche de betterave et, avec un petit couteau, découpez la betterave autour du verre. Recommencez avec toutes les tranches pour obtenir des tranches de betterave bien rondes et d'égale dimension.

2 – Émiettez la féta dans un bol, ajoutez la crème fraîche et mélangez longuement avec une fourchette. Lavez, essuyez et hachez grossièrement 40 grandes feuilles de basilic, ajoutez-les, mélangez, poivrez à votre goût et mélangez à nouveau.
– Dressez les millefeuilles en superposant sur 4 assiettes les ronds de betterave tartinés de crème à la féta.

3 – Préparez la citronnette : dans un petit saladier, versez le jus du citron, ajoutez 3 pincées de sel, mélangez, ajoutez l'huile d'olive, mélangez à nouveau.
– Arrosez de citronnette les millefeuilles avant de les décorer de feuilles de basilic.

Salade du soleil

Préparation : 40 min • Cuisson totale : 40 min • Repos au frais : 2 h

Pour 4 personnes

* 8 belles tomates bien mûres
* 6 poivrons jaunes
* 4 gousses d'ail
* 1 bouquet de coriandre
* 2 cuil. à café rases de cumin en poudre ⚠
* 4 cuil. à soupe d'huile d'olive
* Piment d'Espelette ⚠
* Sel fin

1 – Rincez les poivrons. Allumez le gril du four. Lorsqu'il est rouge, mettez les poivrons à griller. Laissez la porte du four ouverte et surveillez les poivrons. Tournez-les plusieurs fois pour que toute la peau soit noire et boursouflée. Enfermez-les dans un sac plastique et oubliez-les 15 min. Vous pourrez alors les peler très facilement. Coupez-les en deux pour enlever leur pédoncule et toutes les graines, puis en bandes de 2 cm de largeur.

2 – Plongez en deux fois les tomates dans une grande casserole aux 3/4 remplie d'eau bouillante, laissez-les-y 15 secondes, égouttez-les, pelez-les, coupez-les en deux, pressez-les entre les doigts pour éliminer jus et pépins, et coupez-les en cubes de 2 cm.
– Épluchez les gousses d'ail et hachez-les très fin.

3 – Reposez la casserole essuyée sur feu moyen et versez l'huile d'olive. Quand elle est chaude, ajoutez les cubes de tomates, l'ail haché, le cumin en poudre, 4 belles pincées de sel et 2 pincées de piment d'Espelette. Laissez cuire 25 min en mélangeant souvent.
– Versez alors les tomates dans un grand saladier, ajoutez les bandes de poivrons jaunes, les 3/4 des feuilles d'un bouquet de coriandre et mélangez. Rectifiez l'assaisonnement. Laissez refroidir avant de mettre au réfrigérateur pour 2 h ou plus.
– Au moment de servir, parsemez le reste des feuilles de coriandre sur la salade.

Mon truc en plus
Évidemment, cette recette est à faire en été, quand les tomates sont à maturité et que l'ail est nouveau. Vous pouvez la servir sur une chiffonnade de laitue.

Salade thaïe de Murielle

Préparation : 40 min • Cuisson totale : 25 min

Pour 4 personnes

* 300 g de filets de poulet fermier (2 beaux filets)
* 250 g de pousses de soja
* 125 g de vermicelles de riz
* 1 grosse poignée de haricots verts
* 1 grosse carotte
* 2 poivrons rouges
* 10 brins de coriandre fraîche (environ 60 feuilles)
* 10 brins de menthe fraîche (environ 50 feuilles)
* 50 cl de bouillon de légumes maison (p. 138)
* 1 cuil. à soupe d'huile de colza
* Gros sel marin
* Sel fin
* Poivre noir du moulin ⚠

Pour la sauce

* 1 morceau de 6 cm de gingembre frais
* 1 beau citron vert (jus)
* 1 cuil. à soupe de miel d'acacia
* 2 cuil. à soupe de sauce Strong Tamari (Lima)
* 1 cuil. à soupe d'huile de colza
* 1 cuil. à café d'huile de sésame
* Sel fin
* Poivre noir du moulin ⚠

1 – Rincez les poivrons. Allumez le gril du four. Lorsqu'il est rouge, mettez les poivrons à griller. Laissez la porte du four ouverte et surveillez les poivrons pour les tourner dès que leur peau est noire d'un côté.
– Quand toute la peau des poivrons est noire, éteignez le four et pelez les poivrons. Débarrassez-les de leur pédoncule, puis coupez-les en deux, videz-les de leurs graines, coupez-les en bandes de 1 cm de largeur et chaque bande en tronçons de 3 cm. Réservez.
– Épluchez les haricots verts, coupez-les en 3 tronçons. Réservez.
– Épluchez la carotte et râpez-la sur le gros côté d'une râpe. Réservez.

2 – Posez une petite cocotte remplie d'eau sur feu fort. À ébullition, ajoutez 1 cuil. à soupe de gros sel marin, les tronçons de haricots verts et laissez bouillir 6 min. Avec une écumoire, sortez les haricots verts, égouttez-les dans une passoire. Réservez.
– Dans l'eau bouillante de la cocotte mettez la carotte râpée pour 2 min de cuisson, puis égouttez la carotte râpée avec l'écumoire et réservez avec les haricots verts.
– Dans l'eau bouillante de la cocotte, mettez les pousses de soja, attendez la nouvelle ébullition et égouttez sur les haricots verts et les carottes. Faites couler de l'eau froide pour refroidir les légumes et laissez égoutter.
– Effeuillez les brins de menthe fraîche et coupez les feuilles en lamelles. Réservez. Effeuillez les brins de coriandre fraîche et réservez les feuilles entières avec la menthe.
– Dans la cocotte rincée, versez le bouillon de légumes salé et posez la cocotte sur feu moyen. À ébullition, cassez entre vos mains les vermicelles de riz dans le bouillon, éteignez le feu, couvrez la cocotte et laissez gonfler 10 min.
– Pendant ce temps, salez et poivrez les filets de poulet. Dans une poêle sur feu doux versez 1 cuil. à soupe d'huile de colza. Faites cuire et dorer les filets de poulet 3 min de chaque côté. Égouttez-les alors sur une planche à découper.

•••

3 – Préparez la sauce : épluchez le morceau de gingembre frais et râpez-le sur le petit côté d'une râpe, au-dessus d'un grand saladier. Ajoutez le jus du citron vert, la sauce tamari, le miel d'acacia, l'huile de colza, l'huile de sésame, et mélangez au fouet à main.
– Versez dans le saladier tous les légumes égouttés (sans oublier les poivrons) et mélangez. Ajoutez les vermicelles gonflés dans le bouillon et mélangez.
– Coupez les filets de poulet dorés en aiguillettes de 1 cm de large et ajoutez-les dans la salade avec la menthe ciselée et les feuilles de coriandre.
– Mélangez longuement, rectifiez l'assaisonnement si nécessaire et régalez-vous.

Mon truc en plus
* Pour peler très facilement les poivrons sans vous brûler les mains, enfermez-les dans un sac plastique au sortir du four. Oubliez-les 15 min. En ouvrant le sac, vous verrez comme la peau s'enlève facilement.
* La salade peut se préparer le matin pour le soir ou la veille au soir pour un pique-nique, une lunch-box ou un déjeuner le lendemain, à condition de la conserver au réfrigérateur.

Salade de courgettes aux pignons

Préparation : 20 min • Cuisson : 10 min

Pour 4 personnes

* 4 courgettes moyennes bien fermes
* 2 gousses d'ail
* 1/2 citron (jus)
* 40 g de parmesan ⚠
* 1 poignée de pignons de pin
* 1 cuil. à café de miel d'acacia
* 3 cuil. à soupe d'huile d'olive
* Sel fin

Pour décorer

4 brins de cerfeuil

1 – Lavez soigneusement les courgettes et essuyez-les. Posez une courgette à plat sur la planche de travail et, avec un épluche-légumes, prélevez de longues bandes de courgette en tournant autour du centre avec pépins.
– Épluchez les gousses d'ail, coupez-les en deux pour les débarrasser de leur germe et hachez-les très fin.

2 – Posez une grande poêle sur feu moyen et versez-y l'huile d'olive. Dès que l'huile est chaude, ajoutez l'ail haché et, au bout de 10 secondes, ajoutez les longues bandes de courgettes. Salez-les et faites-les sauter pendant 2 min (elles doivent rester croquantes). Égouttez les courgettes dans une passoire et oubliez-les.

3 – Posez la poêle rincée et essuyée sur feu moyen, mettez-y les pignons de pin et laissez dorer en remuant souvent. Versez-les sur une assiette.
– Mettez les courgettes égouttées dans un saladier.
– Dans un bol, versez le jus du citron, ajoutez le miel d'acacia, mélangez, versez sur les courgettes et mélangez.
– Répartissez les courgettes sur 4 assiettes, parsemez les pignons dorés dessus et, avec l'épluche-légumes, faites 5 copeaux de parmesan par assiette.
– Pour finir, décorez avec les brins de cerfeuil.

Mon truc en plus

Ceux qui ne supportent pas les produits laitiers peuvent enlever le parmesan.

Salade d'endives à la sauce d'anchois

Préparation : 15 min

Pour 4 personnes

* 5 endives
* 1 botte de ciboulette
* 1/4 de citron (jus)
* 8 anchois à l'huile
* 4 cuil. à soupe d'huile d'olive
* 1 belle cuil. à café de moutarde forte ⚠
* Sel fin (si nécessaire)

1 – Coupez les endives en rondelles et mettez-les dans un saladier.

2 – Dans un mixeur, mettez les anchois, la moutarde, le jus du citron, l'huile d'olive.
– Réduisez le tout en purée que vous versez sur les endives. Mélangez longuement et rectifiez l'assaisonnement en sel si nécessaire.

3 – Ciselez la ciboulette au-dessus des endives et mélangez à nouveau.
– Servez.

Mon truc en plus
Vous pouvez remplacer l'huile d'olive par de l'huile de colza. Elle a des qualités nutritionnelles incontestables.

Mousse de foies de volaille

Préparation : 20 min • Cuisson : 13 min • Repos au frais : au moins 24 h

Pour 1 terrine (de 60 cl environ)

* 600 g de foies de volaille
* 375 g de beurre ramolli
* 1 cuil. à soupe de cognac
* 1 cuil. à soupe d'huile d'olive
* Sel fin
* Poivre noir du moulin ⚠

Ustensiles

1 mixeur (ou 1 blender)
1 terrine (60 cl environ)

1 *La veille*

– Parer les foies : séparez les deux parties des foies et, avec un couteau, retirez soigneusement les veines et les parties vertes (le fiel) s'il y en a.
– Mettez-les dans un grand plat à gratin, versez dessus 1 cuil. à soupe d'huile d'olive, mélangez, parsemez de 1 cuil. à café de sel, de poivre noir du moulin et de 1 cuil. à soupe de cognac. Mélangez longuement.

2 – Mettez ce plat au four froid, à mi-hauteur. Allumez le four à 150 °C (th. 5). Laissez cuire 13 min.

3 – Passez au mixeur (ou au blender). Ajoutez le beurre ramolli. Mixez longuement.
– Rectifiez l'assaisonnement en sel et en poivre à votre goût. Mettez en terrine.
– Laissez refroidir avant de couvrir la terrine et de la mettre au réfrigérateur pour 24 h ou plus.

Variantes

Selon vos goûts vous pouvez remplacer le cognac par du porto ou du vermouth.
Vous pouvez aussi servir cette mousse de foies de volaille à l'apéro en l'étalant sur des tranches de radis noirs, du concombre ou des feuilles d'endives ou la tartiner sur notre *Pain au thym et au romarin* (p. 29).

Mon truc en plus

* Pour ceux qui ne supportent pas les produits laitiers, vous pouvez parfaitement remplacer le beurre par de la margarine ⚠.
* Attention, votre terrine subira l'oxydation de l'air dès qu'elle sera entamée. Si vous n'êtes pas sûrs de la manger entièrement, remplacez votre grande terrine par trois petites de 20 cl.
* Si vous n'avez pas de terrine, vous pouvez vous servir de pots à confiture, en attendant bien que le contenu refroidisse avant de fermer le couvercle. Vous pouvez également utiliser des pots de yaourts en terre cuite en les recouvrant de film étirable, une fois remplis, ou encore mettre la mousse dans des coquetiers, c'est très mignon.

Taboulé de quinoa au basilic et au lait de coco

Préparation : 30 min • Cuisson totale : 35 min

Pour 4 personnes

* 200 g de quinoa
* 250 g de haricots verts
* 150 g de petits pois surgelés
* 3 tomates
* 2 brins de basilic
* 10 cl de lait de coco
* 1 cuil. à soupe de vinaigre de vin blanc
* 3 cuil. à soupe d'huile d'olive
* Sel fin

1 – Ôtez les deux extrémités des haricots verts. Lavez-les sous eau froide. Coupez-les en tronçons de 2 cm de longueur, réservez. Lavez, essuyez et hachez finement les feuilles des brins de basilic.
– Dans une casserole avec 50 cl d'eau bouillante salée, versez le quinoa rincé et égoutté. À la reprise de l'ébullition, baissez le feu (doux) et couvrez la casserole pour que le quinoa cuise à petits bouillons pendant environ 20 min (jusqu'à absorption complète de l'eau).
– Posez une casserole remplie d'eau sur feu fort. À ébullition, ajoutez 2 cuil. à café de sel puis plongez-y les petits pois surgelés. Au bout de 4 min à partir de la reprise de l'ébullition, ajoutez les haricots verts pour 8 min de cuisson supplémentaire.

2 – Passez alors les légumes dans une passoire à pieds et rafraîchissez-les aussitôt sous l'eau froide (pour qu'ils arrêtent leur cuisson et conservent leur couleur verte), puis égouttez-les bien.
– Lavez les tomates à l'eau froide, coupez-les en deux horizontalement, videz-les de leurs graines et coupez-les en cubes de 1 cm que vous salez légèrement. Réservez.

3 – Dans un petit saladier, mettez le vinaigre de vin blanc et 1 pincée de sel, mélangez avec un fouet à main. Ajoutez l'huile d'olive, mélangez à nouveau. Ajoutez le lait de coco et mélangez bien avec le fouet à main.
– Dans le saladier de service, mélangez les haricots verts, les petits pois et les tomates. Ajoutez le quinoa et la sauce, et mélangez bien. Ajoutez les feuilles de basilic hachées et mélangez bien. Rectifiez l'assaisonnement en sel à votre goût.

Variante

Taboulé de quinoa à la coriandre et au lait de coco. Remplacez le basilic par de la coriandre (10 brins, soit environ 40 pluches).

Mon truc en plus

Pour être sûr de vous débarrasser des éventuels fils des haricots verts, ôtez leurs deux extrémités en tirant l'une dans un sens et l'autre dans l'autre.

Pensez-y !

Voici quelques idées d'entrées froides dans lesquelles vous êtes sûrs qu'il n'y a **pas de gluten, si elles sont « faites maison » et sous réserve d'avoir vérifié les ingrédients suspects au début du livre (voir « Le gluten peut être caché », p. 13)** :

* *Carottes à la marocaine* (proposées en apéro p. 20)
* Carpaccio de bœuf aux copeaux de parmesan
* Salade de carottes à la coriandre
* Salade de chèvre chaud au miel et aux noix
* Salade d'endives aux pommes, aux noix et au comté
* Salade de pamplemousse au crabe et aux avocats

Vous pouvez accompagner certaines de ces entrées avec notre *Vinaigrette légère* (p. 143) ou de notre *Citronnette* (p. 143).

Pour composer des verrines :

* Courge aux éclats de châtaignes
* Soupe glacée de concombres
* Tartare de saumon mariné au citron vert

Vous pouvez servir ces entrées froides avec, au choix et selon vos goûts, nos *Blinis* (p. 18), notre *Pain de mie au lait* (p. 136), notre *Pain au thym et au romarin* (p. 29), notre *Pain d'épices* (p. 130), notre *Fougasse au romarin* (p. 24).

Soufflé au fromage

Préparation : 30 min • Cuisson : 40 min

Pour 4 personnes

* 9 gros œufs
* 20 cl de crème fraîche liquide à 5 % de matière grasse ⚠
* 1 cuil. à soupe de beurre ramolli
* 170 g de gruyère ⚠
* Sel fin

Ustensile

1 moule à soufflé (ø 20 cm)

1 – Préchauffez votre four à 180 °C (th. 6).

– Beurrez soigneusement un moule à soufflé avec le beurre ramolli. Posez sur feu fort un grand plat à gratin (qui pourra contenir un grand saladier), remplissez-le aux 3/4 d'eau et attendez l'ébullition.

2 – Pendant ce temps, séparez les blancs des jaunes des œufs dans deux grands saladiers. Mettez les blancs au réfrigérateur.

– Dans le saladier contenant les jaunes, ajoutez la crème.

– Râpez le gruyère.

– L'eau du plat à gratin est à ébullition. En protégeant vos mains, posez ce plat devant vous sur un torchon plié et placez-y le saladier contenant les jaunes et la crème. Avec un fouet électrique battez à vitesse moyenne pendant 15 min. L'eau du plat à gratin va tiédir pendant que votre mélange gonfle et finit par tripler de volume. Enlevez le saladier de l'eau tiède. Lavez les fouets.

3 – Sortez du réfrigérateur le saladier contenant les blancs, ajoutez 1 cuil. à café de sel et, avec le fouet électrique, montez les blancs en neige pas trop ferme.

– Ajoutez alors en pluie le gruyère râpé en soulevant la masse avec une spatule en caoutchouc pour ne pas « casser » les blancs. Versez alors les jaunes sur les blancs et mélangez très délicatement en soulevant la masse.

– Versez le tout dans le moule à soufflé beurré et enfournez assez bas pour 40 min.

– Servez très vite.

Mon truc en plus

Le secret de cette recette, c'est de mélanger le fromage râpé aux œufs en neige : cela donne plus de légèreté à votre soufflé.

Œufs cocotte aux œufs de saumon

Préparation : 10 min • Cuisson : 8 min

Pour 4 personnes

* 4 œufs
* 100 g d'œufs de saumon
* 2 cuil. à soupe de crème fraîche épaisse ⚠
* 10 g de beurre (pour les ramequins)
* Sel fin
* Poivre noir du moulin ⚠

1 – Préchauffez votre four à 210 °C (th. 7).
– Mettez sur feu fort un plat à gratin à moitié rempli d'eau.
– Dans une petite casserole, mettez la crème fraîche et 4 cuil. à café d'œufs de saumon. Posez la casserole sur feu moyen, mélangez et, à partir de l'ébullition, laissez cuire pendant 2 min.

2 – Pendant ce temps, beurrez les parois intérieures de 4 ramequins et salez-les avec 1 pincée de sel chacun.
– Cassez 1 œuf dans chaque ramequin.
– Au bout de 2 min de cuisson de la crème fraîche aux œufs de saumon, répartissez-la sur les œufs dans les ramequins.

3 – Mettez les 4 ramequins dans le plat à gratin servant de bain-marie (avec de l'eau en train de bouillir) et mettez ce plat au four préchauffé pour 8 min.
– Poivrez et servez bien chaud dans les ramequins de cuisson.

* 4 œufs
* 2 tranches de jambon blanc ⚠
* 2 cuil. à soupe de crème fraîche épaisse ⚠
* 10 g de beurre (pour les ramequins)
* 1/2 cuil. à café de paprika ⚠
* 12 feuilles d'estragon
* Sel fin

Variante

Œufs cocotte au jambon. Préchauffez votre four à 210 °C (th. 7). Mettez sur feu fort un plat à gratin à moitié rempli d'eau. Beurrez les parois intérieures de 4 ramequins et salez-les avec 1 pincée de sel chacun. Coupez 1 tranche 1/2 de jambon blanc en fines lamelles et réservez la dernière moitié. Hachez les feuilles d'estragon, mélangez-les aux lamelles de jambon que vous répartissez dans les ramequins en faisant un creux au milieu. Coupez la 1/2 tranche de jambon blanc restante en petits morceaux, mettez-les dans un mixeur, ajoutez la crème fraîche, le paprika, 2 pincées de sel et réduisez le tout en purée. Cassez 1 œuf dans chaque ramequin sur le nid de lamelles de jambon et répartissez sur l'œuf la purée de jambon. Mettez les ramequins dans le plat à gratin servant de bain-marie (avec de l'eau en train de bouillir) et enfournez pour 8 min.

Salade tiède de lentilles au lard

Préparation : 30 min • Cuisson : 1 h

Pour 4 personnes

* 2 tranches épaisses (1 cm) de lard fumé ⚠
* 350 g de lentilles vertes
* 3 carottes
* 1 oignon
* 2 échalotes
* 10 brins de persil plat
* 1 branche de thym
* 1 feuille de laurier
* 2 clous de girofle ⚠
* 2 cuil. à soupe de vinaigre de vin blanc
* 1 cuil. à café d'huile d'olive
* Sel fin

1 – Mettez les lentilles dans une cocotte. Couvrez-les largement d'eau froide et amenez à ébullition. Égouttez alors les lentilles dans une passoire. Réservez.
– Épluchez les carottes et l'oignon. Piquez l'oignon avec les clous de girofle.
– Faites un bouquet garni en liant ensemble les brins de persil repliés autour d'une branche de thym et d'une feuille de laurier.
– Mettez les lentilles égouttées dans la cocotte vide et ajoutez les carottes, l'oignon et le bouquet garni.
– Couvrez les lentilles d'eau froide et posez la cocotte sur feu moyen. À ébullition, baissez le feu (doux), couvrez la cocotte et laissez mijoter 30 min. Salez alors les lentilles avec 1 belle cuil. à café de sel et recouvrez la cocotte pour 15 min de plus.

2 – Pendant ce temps, pelez les échalotes et hachez-les fin. Au bout des 45 min de cuisson totale, égouttez les lentilles dans une passoire, jetez l'oignon et le bouquet garni, posez les carottes chaudes sur une planche à découper et coupez-les en rondelles assez épaisses. Réservez.

3 – Coupez les tranches de lard fumé en cubes de 1 cm. Posez une poêle sur feu fort, ajoutez l'huile d'olive et les lardons que vous laissez bien dorer.
– Pendant ce temps, mettez les lentilles tièdes dans un saladier, ajoutez les échalotes hachées, l'huile d'olive et les rondelles de carottes. Mélangez.
– Égouttez les lardons bien dorés dans une passoire, reposez la poêle vide sur feu fort et versez-y le vinaigre de vin blanc. Le vinaigre se met très vite à bouillir, ajoutez les lardons dorés, mélangez 5 sec et versez le tout sur les lentilles.
– Mélangez et servez tiède.

Pensez-y !

Voici quelques idées d'entrées chaudes dans lesquelles vous êtes sûrs qu'il n'y a **pas de gluten, si elles sont « faites maison » et sous réserve d'avoir vérifié les ingrédients suspects au début du livre (voir « Le gluten peut être caché », p. 13)** :

* Asperges aux œufs pochés
* Champignons farcis à l'ail
* Flan de thon provençal
* Œufs à la coque et ses mouillettes de notre *Pain de mie au lait* (p. 136)
* Poêlée de cèpes
* Salade tiède aux fonds d'artichaut
* Tortilla au jambon et aux pommes de terre

Vous pouvez déguster certaines de ces entrées chaudes avec notre *Fondue de tomates* (p. 141), notre *Mayonnaise* (p. 139), notre *Vinaigrette légère* (p. 143), notre *Citronnette* (p. 143).

Vous pouvez détourner certaines de nos recettes de légumes et accompagnements et de poissons en entrées chaudes, en réduisant les quantités et en les proposant sur un lit de mesclun par exemple :

* *Clafoutis de tomates cerises au cumin*(p. 84)
* *Courgettes farcies au thon* (p. 104)
* *Écrasée de pomme de terre* (p. 91)
* *Moules gratinées* (p. 56)
* *Noix de Saint-Jacques au citron vert* (p. 60)
* *Pancakes de pommes de terre* (p. 88)
* *Tian d'aubergines et tomates* (p. 92)

La soupe des vignerons

Préparation : 20 min • Cuisson : 1 h

Pour 4 personnes

* 4 poireaux
* 2 grosses pommes de terre bintje (soit 500 g)
* 2 endives
* 1 botte de cresson
* 1 grosse cuil. à café de basilic à l'huile
* 2 cuil. à soupe d'huile d'olive
* Sel fin
* Poivre noir du moulin ⚠

1 – Raccourcissez les poireaux jusqu'au vert clair, lavez-les soigneusement sous l'eau courante et coupez-les en tranches fines. Réservez.
– Coupez les endives en tranches fines. Réservez.
– Pelez les pommes de terre, coupez-les en petits cubes de 1/2 cm, mettez-les dans une passoire, rincez-les sous l'eau froide et versez-les dans une cocotte que vous posez sur feu fort. Ajoutez 1 l d'eau et attendez l'ébullition.
– Ajoutez alors les tranches d'endives et de poireaux, le basilic à l'huile, l'huile d'olive et 1 cuil. à café de sel. À ébullition, baissez le feu (doux), couvrez la cocotte et laissez cuire doucement 45 min.

2 – Pendant ce temps, coupez les queues d'une botte de cresson et éliminez impitoyablement les feuilles jaunes. Réservez. Au bout des 45 min de cuisson, poivrez la soupe à votre goût, rectifiez l'assaisonnement en sel si nécessaire et, avec une fourchette, écrasez le long de la paroi de la cocotte les cubes de pomme de terre.
– Montez le feu (fort), attendez la nouvelle ébullition, jetez les feuilles de cresson dans la soupe et mélangez. Éteindre le feu.
– Servez fumant.

Mon truc en plus

Si vous ne trouvez pas de basilic à l'huile, vous pouvez le remplacer par 12 feuilles de basilic haché et ajouter 1 cuil. à soupe d'huile d'olive supplémentaire.

Soupe d'asperges au crabe et à la coriandre

Préparation : 20 min • Cuisson totale : 45 min

Pour 4 personnes

* 1 boîte de chair de crabe (140 g net égoutté)
* 1 cuil. à soupe rase de Maïzena
* 50 cl de lait demi-écrémé
* 10 cl de crème fraîche épaisse ⚠
* 30 g de beurre
* 700 g d'asperges vertes
* 1 échalote
* 4 brins de coriandre fraîche
* Sel fin
* Poivre noir du moulin ⚠

1 – Avec un épluche-légumes, épluchez soigneusement les asperges vertes.
– Placez sur feu fort une cocotte à moitié remplie d'eau. À ébullition, ajoutez 1 cuil. à soupe de sel puis les asperges.
– À la nouvelle ébullition, baissez le feu (assez doux) et laissez cuire à petits bouillons et à découvert pendant 15 min.
– Rafraîchissez alors les asperges sous l'eau froide et laissez-les égoutter sur une grille. Ne jetez surtout pas l'eau de cuisson, vous en aurez besoin tout à l'heure.

2 – Coupez les têtes vertes des asperges en morceaux de 1 cm de long que vous réservez sur une assiette.
– Épluchez et hachez finement l'échalote.
– Posez une cocotte sur feu moyen et mettez-y le beurre. Dès que celui-ci grésille, ajoutez l'échalote hachée fin et mélangez avec une cuillère en bois.
– Ajoutez les queues d'asperges égouttées, mélangez et laissez cuire 5 min en mélangeant de temps en temps.
– Baissez alors le feu (doux), ajoutez le lait, 50 cl d'eau de cuisson des asperges et montez le feu (moyen).
– À ébullition, laissez cuire 15 min à petits bouillons et à découvert.

3 – Pendant ce temps, égouttez la chair de crabe et émiettez-la dans une assiette en éliminant soigneusement les cartilages.
– Quand la soupe a cuit 15 min, éteignez le feu et mixez le tout avec un mixeur plongeur.
– Posez la casserole sur feu moyen, ajoutez la crème fraîche, poivrez à votre goût, rectifiez l'assaisonnement en sel si nécessaire et fouettez avec un fouet à main jusqu'au ras de l'ébullition. Délayez la Maïzena dans un peu d'eau et ajoutez-la tout en continuant à fouetter pendant 30 sec.
– Répartissez alors la soupe dans 4 grandes tasses, parsemez dessus la chair de crabe émiettée, disposez les pointes d'asperges et couronnez le tout de quelques pluches de coriandre fraîche. Servez.

Velouté de carotte au lait de coco

Préparation : 15 min • Cuisson : 50 min

Pour 4 personnes

* 600 g de carottes
* 1 oignon
* 20 cl de lait de coco
* 2 cuil. à soupe d'huile de colza
* 1 cuil. à café de mélange 4-épices ⚠
* Sel fin
* Poivre noir du moulin ⚠

1 – Épluchez les carottes, coupez-les en tranches. Réservez.
– Épluchez l'oignon, coupez-le en deux, puis en tranches fines.

2 – Posez une cocotte sur feu moyen, versez-y l'huile de colza et, dès qu'elle est chaude, ajoutez les tranches d'oignon, le 4-épices et mélangez pendant 3 min. Ajoutez alors les carottes et mélangez. Versez dessus 80 cl d'eau, salez, poivrez et attendez l'ébullition.
– Laissez alors cuire à petits bouillons et à découvert jusqu'à ce que les carottes soient cuites (environ 25 à 30 min). Ajoutez alors le lait de coco et enlevez la cocotte du feu.

3 – Mixez longuement avec le mixeur plongeur et rectifiez l'assaisonnement si nécessaire.

Mon truc en plus

Vous pouvez essayer de composer votre propre 4-épices en mélangeant du poivre noir moulu, des clous de girofle réduits en poudre, de la cannelle en poudre et de la noix muscade râpée. Attention à n'acheter que des épices bio, conditionnées en flacon. Personnellement, je n'utilise que les épices Cook (voir « Le gluten peut être caché » p. 13).

Pensez-y !

Voici quelques idées de soupes dans lesquelles vous êtes sûrs qu'il n'y a **pas de gluten, si elles sont « faites maison » et sous réserve d'avoir vérifié les ingrédients suspects au début du livre (voir « Le gluten peut être caché », p. 13)** :

* Soupe au potiron et à la noix muscade
* Soupe aux haricots verts
* Soupe de brocolis et légumes
* Soupe de carottes au lait de coco (pas le velouté)
* Soupe de poireaux et de pommes de terre
* Soupe de potimarron
* Soupe de tomate au thym

Vous pouvez servir ces soupes en entrée chaude ou en plat principal selon vos goûts et votre appétit, accompagnées de nos recettes de *Légumes et accompagnements* (pp. 84 à 106).

Et n'oubliez pas de consulter notre recette de *Bouillon de légumes* (p. 138) qui peut servir de base pour des pâtes de riz ou une soupe au potiron par exemple.

Moules gratinées

Préparation : 30 min • Cuisson totale : 20 min

Pour 4 personnes

* 32 grosses moules d'Espagne (environ 1,6 kg)
* 3 gousses d'ail
* 1 feuille de laurier
* Gros sel marin
* Poivre noir du moulin ⚠

Pour la mayonnaise

* 2 jaunes d'œufs
* 1 cuil. à soupe de moutarde forte ⚠
* 15 cl d'huile de colza

1 – Grattez et lavez soigneusement les moules et mettez-les dans une cocotte avec une feuille de laurier. Couvrez la cocotte, posez-la sur le feu fort et attendez qu'une grosse vapeur s'échappe du couvercle (environ 10 min), les moules sont alors ouvertes.
– Versez-les dans une passoire posée sur un saladier pour récupérer le jus de cuisson des moules. Filtrez ce jus de cuisson à travers une passoire fine posée sur une casserole.
– Épluchez les gousses d'ail, écrasez-les avec le plat d'un couteau, ajoutez-les dans la casserole, poivrez largement et posez la casserole sur feu moyen. Laissez réduire à petits bouillons jusqu'à ce qu'il ne reste que la vapeur de 3 cuil. à soupe de liquide au fond de la casserole. Attention, il faut surveiller la réduction.

2 – Pendant ce temps, étalez un grand bol de gros sel sur la plaque du four.
– Ouvrez les moules tiédies, jetez la coquille supérieure, détachez la chair des moules de la coquille inférieure et rangez-les, côte à côte, sur le gros sel qui les empêchera de se renverser. Le jus des moules est réduit. Laissez-le tiédir.

3 – Préparez la mayonnaise : mettez les jaunes d'œufs dans un petit saladier. Ajoutez la moutarde, mélangez et laissez reposer au moins 1 min. Ajoutez alors, petit à petit, l'huile de colza sans arrêter de fouetter avec le fouet à main. La mayonnaise est prête.
– Ajoutez-y le jus réduit et tiédi des moules et mélangez.
– Allumez le gril du four. Couvrez chaque moule avec 1 cuil. à café de mayonnaise au jus de moule. Quand le gril est bien rouge, mettez la plaque au milieu du four et laissez gratiner.
– Servez 8 moules par assiette.

Mon truc en plus

* Eh oui, la mayonnaise gratine très bien.
* Servez avec une belle salade verte et, pourquoi pas, quelques frites croustillantes.

Darnes de saumon à la confiture de poireaux

Préparation : 15 min • Cuisson totale : 40 min

Pour 4 personnes

* 4 darnes de saumon de 180 g pièce
* 10 poireaux
* 1 grosse cuil. à café de concentré de tomate
* 1 cuil. à soupe de miel d'acacia
* 2 cuil. à soupe de vin blanc sec
* 2 cuil. à soupe de vinaigre de vin blanc
* 1/2 cuil. à café de coriandre en poudre ⚠
* 10 brins de cerfeuil hachés
* 5 cuil. à soupe d'huile d'olive
* Gros sel marin
* Sel fin
* Poivre noir du moulin ⚠

Pour servir

1 citron

1 – Raccourcissez les poireaux au ras du vert clair, épluchez-les, lavez-les et coupez-les en tronçons de 3 cm.
– Posez sur le feu une cocotte aux 3/4 remplie d'eau. À ébullition, ajoutez-y 1 cuil. à soupe de gros sel, les tronçons de poireaux et, à partir de la nouvelle ébullition, laissez bouillir 10 min. Égouttez alors les poireaux dans une passoire et pressez dessus avec une écumoire pour éliminer le maximum d'eau.

2 – Posez une grande casserole sur feu moyen et versez-y 3 cuil. à soupe d'huile d'olive. Dès qu'elle est chaude, ajoutez les poireaux, le miel d'acacia et mélangez sans arrêt jusqu'à ce que les poireaux soient bien desséchés (5 à 7 min).
– Ajoutez alors le vinaigre de vin blanc, 3 pincées de sel, du poivre à votre goût et mélangez pendant 1 min.
– Ajoutez alors le vin blanc, le concentré de tomate, la coriandre en poudre et mélangez pendant 1 min. Baissez alors le feu (très doux), couvrez la casserole et laissez mijoter 10 min. Éteignez alors le feu et réservez.

3 – Salez et poivrez les darnes de saumon et, dans une grande poêle avec les 2 dernières cuil. à soupe d'huile d'olive, faites-les dorer sur feu moyen 1 min de chaque côté.
– Répartissez la confiture de poireaux sur 4 assiettes, posez les darnes de saumon dessus et saupoudrez avec les brins de cerfeuil haché.
– Servez avec des quartiers de citron pour pouvoir en presser quelques gouttes sur les darnes de saumon.

Encornets frits

Préparation : 1 h • Cuisson totale : 30 min

Pour 4 personnes

* 8 encornets vidés et préparés par le poissonnier
* 5 très grosses cuil. à soupe de farine de riz blanc
* 3 œufs
* 1 cuil. à café de bicarbonate de soude
* 1 litre d'huile d'arachide pour la friture
* Sel fin

1 *1 h avant le repas*
– Coupez les encornets en tranches de 1 cm de largeur, rincez-les longuement sous l'eau froide et réservez-les dans une passoire pendant 30 min.

2 – Séchez alors les encornets (et les tentacules) dans du papier absorbant, farinez-les très légèrement dans un peu de farine de riz en tapotant les tranches entre vos mains pour faire tomber le surplus de farine. Réservez à température ambiante.

Au moment du repas
– Versez l'huile d'arachide dans une grande poêle à hauts rebords (sauteuse) que vous posez sur feu fort.
– Cassez les œufs dans un grand saladier et battez-les en omelette avec une fourchette. Ajoutez la farine de riz et le bicarbonate de soude et mélangez longuement avec un fouet à main.
– Ajoutez alors les tranches d'encornets et les tentacules légèrement farinés et mélangez longuement avec la main. Lavez-vous les mains.

3 – Quand l'huile est très chaude, glissez-y le quart des tranches d'encornets et laissez-les dorer en mélangeant souvent avec une écumoire. Égouttez alors les encornets sur un plat recouvert d'une triple épaisseur de papier absorbant et recommencez 3 fois la même opération.
– Quand tous les encornets sont dorés, replongez-en la moitié dans l'huile très chaude pour les faire croustiller (environ 1 min). Recommencez avec l'autre moitié.
– Salez dans le plat. Servez très vite.

Mon truc en plus
Attention, l'huile a tendance à sauter, protégez-vous les bras et tenez-vous éloigné(e) de la poêle.

Noix de Saint-Jacques au citron vert

Préparation : 10 min • Cuisson totale : 10 min

Pour 4 personnes

* 16 noix de Saint-Jacques avec coraux
* 2 cuil. à soupe de crème fraîche épaisse ⚠
* 50 g de beurre bien froid
* 1 citron vert (jus)
* 1 bouquet de cerfeuil
* 2 pincées de curcuma ⚠
* 1 cuil. à soupe d'huile d'olive + quelques gouttes à verser sur chaque Saint-Jacques
* Sel fin

1 – Préchauffez votre four à 240 °C (th. 8).
– Épluchez un bouquet de cerfeuil. Réservez. Coupez le beurre en lamelles et réservez-les au frais.
– Huilez un grand plat à gratin avec 1 cuil. à soupe d'huile d'olive et salez-le légèrement.
– Coupez chaque noix de Saint-Jacques en 2 rondelles égales que vous rangez, côte à côte, dans le plat à gratin ainsi que les coraux. Salez légèrement. Posez une goutte d'huile d'olive sur chaque Saint-Jacques et enfournez à mi-hauteur pour 5 min.

2 – Pendant ce temps, préparez la sauce. Pressez le jus du citron vert et versez-le dans une casserole que vous posez sur feu fort. Laissez bouillir 1 min.
– Ajoutez 3 pincées de sel, le curcuma et la crème fraîche. Mélangez, laissez bouillir 1 min et enlevez la casserole du feu.

3 – Les Saint-Jacques sont cuites. Sortez le plat du four et répartissez-les, ainsi que leurs coraux, sur 4 assiettes.
– Reposez la casserole de sauce sur feu doux et ajoutez-y les lamelles de beurre et les feuilles de cerfeuil (gardez 4 petits brins pour décorer). Mélangez avec le fouet à main jusqu'à ce que le beurre soit fondu et versez cette superbe sauce sur les Saint-Jacques.

Mon truc en plus
Vous pouvez servir les noix de Saint-Jacques en entrée avec un mesclun, ou bien en plat avec au choix une fondue d'endives ou de poireaux, du riz basmati ou des tagliatelles de riz sur lesquels vous verserez un peu de la sauce des Saint-Jacques.

Saumon cru mariné sauce gravlax

Préparation : 20 min • Repos au frais : 2 h

Pour 4 personnes

Pour la marinade

* 1 morceau de 800 g de dos de saumon frais sans la peau
* 20 cl de sucre cassonade
* 1 cuil. à soupe de paprika en poudre ⚠
* 1 cuil. à café d'herbes de Provence
* 40 cl de gros sel marin

Pour la sauce gravlax

* 1 beau bouquet d'aneth
* 1 cuil. 1/2 à soupe de miel d'acacia
* 1 cuil. 1/2 à soupe de vinaigre de vin blanc
* 1 cuil. 1/2 à soupe de moutarde forte ⚠
* 6 cuil. à soupe d'huile d'olive

1 *2 h avant le repas*

– Dans un saladier, mélangez le gros sel marin, le sucre cassonade, le paprika et les herbes de Provence. Étalez la moitié de ce mélange (de la taille du morceau de saumon) sur un plat, posez le saumon dessus, recouvrez-le avec l'autre moitié du mélange et couvrez le tout d'un film étirable. Mettez le plat au réfrigérateur pour 2 h mais pas plus (sinon, le saumon serait trop salé).

2 – Pendant ce temps, préparez la sauce. Effeuillez dans un mixeur les filaments d'un beau bouquet d'aneth. Ajoutez la moutarde, le vinaigre de vin blanc, le miel d'acacia, l'huile d'olive et 1 cuil. à soupe d'eau froide. Mixez le tout en une superbe purée verte que vous versez dans une saucière.

3 – Le saumon marine depuis 2 h. Rincez-le longuement sous l'eau froide, épongez-le et coupez-le en fines tranches dans l'épaisseur (comme du saumon fumé) que vous rangez sur un grand plat.

– Présentez avec la saucière de sauce gravlax et servez avec des pommes de terre.

Mon truc en plus

N'hésitez pas à choisir la meilleure qualité de saumon et faites-le préparer par votre poissonnier, il a l'habitude d'enlever les petites arêtes.

Rougets à l'orientale

Préparation : 15 min • Cuisson totale : 50 min

Pour 4 personnes

* 4 beaux rougets-barbets de 250 g pièce
* 6 tomates
* 2 oignons
* 1 cuil. à café de fleur de thym
* 1 douzaine de brins de cerfeuil haché
* 2 pincées de sucre en poudre
* 1 g de safran en poudre ⚠
* 3 gouttes de Tabasco
* 10 cl de vin blanc sec
* Huile d'olive
* Sel fin
* Poivre noir du moulin ⚠

1 – Dans une casserole remplie d'eau bouillante, plongez 5 tomates, attendez 15 secondes, égouttez-les, pelez-les, coupez-les en deux horizontalement et pressez-les entre vos doigts pour éliminer jus et pépins, hachez-les grossièrement. Réservez.
– Épluchez les oignons, coupez-les en deux, puis en tranches fines.

2 – Dans une grande casserole, mettez les tomates hachées, les oignons émincés, le vin blanc sec, 4 pincées de sel, le sucre en poudre, un peu de poivre et le Tabasco. Mélangez et portez à ébullition.
– Laissez bouillir jusqu'à ce que tout le liquide soit complètement évaporé (environ 20 min). Préchauffez votre four à 210 °C (th. 7).
– Ajoutez alors le safran au contenu de la casserole, mélangez et versez le tout dans un plat à gratin légèrement huilé. Salez et poivrez les rougets, saupoudrez-les avec la fleur de thym, rangez-les, côte à côte, dans le plat à gratin et arrosez-les avec un filet d'huile d'olive.

3 – Coupez la dernière tomate en 8 tranches et posez 2 tranches, côte à côte, sur chaque rouget. Salez-les légèrement, arrosez de quelques gouttes d'huile d'olive et mettez le plat au milieu du four pour 20 min.
– Au sortir du four, saupoudrer les rougets de cerfeuil haché.

Pensez-y !

Voici quelques idées de plats à base de poissons et de fruits de mer dans lesquels vous êtes sûrs qu'il n'y a **pas de gluten, s'ils sont « faits maison » et sous réserve d'avoir vérifié les ingrédients suspects au début du livre (voir « Le gluten peut être caché », p. 13)** :

* Bar au citron au four
* Calamars à la plancha
* Colin au gingembre et au lait de coco
* Darnes de saumon en papillote
* Daurade à la marocaine
* Gambas flambées au cognac
* Moules marinière
* Saumon sauvage à l'aneth

Vous pouvez déguster certains de ces plats avec notre *Écrasée de pommes de terre* (p. 91), notre *Polenta* (p. 87), nos *Risottos* (pp. 100 et 102), notre *Tian d'aubergines et tomates* (p. 92).

À déguster également en entrées, chaudes ou froides :

* Coquilles Saint-Jacques au four
* Crevettes à la sauce tomate gingembre (avec des crevettes fraîches)
* Filets de sardines au citron vert et au basilic
* Harengs au vinaigre (Rollmops)
* Maquereaux marinés au vin blanc

Vous pouvez accompagner certaines de ces préparations avec nos *Blinis* (p. 18) ou notre *Pain de mie au lait* (p. 136).

Boulettes de porc à la thaïe

Préparation : 15 min • Cuisson totale : 55 min

Pour 4 personnes

Pour le bouillon

* 1 litre de bouillon de légumes maison (p. 138)
* 10 cl de sauce Strong Tamari (Lima)
* 2 carottes
* 1 oignon
* 1 morceau de 5 cm de gingembre frais
* 1 bouquet de coriandre (les queues)

Pour les boulettes

* 400 g de porc maigre haché
* 1 oignon
* 2 gousses d'ail
* 1 morceau de 5 cm de gingembre frais
* 1 bouquet de coriandre (les feuilles)
* Tabasco
* Sel fin

1 *Le bouillon*

– Versez le bouillon de légumes salé dans une cocotte, ajoutez 50 cl d'eau, la sauce tamari, le gingembre frais pelé et coupé en tranches, les carottes pelées et coupées en tranches, l'oignon épluché et coupé en tranches et les queues de coriandre.

– Portez à ébullition et laissez cuire 30 min à petits bouillons et à découvert.

2 *Les boulettes*

– Mettez dans un grand mixeur l'oignon épluché et coupé en morceaux, le gingembre frais pelé et coupé en morceaux, les gousses d'ail pelées et les feuilles de coriandre.

– Réduisez le tout en purée que vous versez dans un grand saladier.

– Ajoutez le porc haché, 1 belle cuil. à café de sel, quelques gouttes de Tabasco et commencez à mélanger énergiquement avec une cuillère en bois.

– Finissez de mélanger avec la main (propre) et façonnez 12 boulettes de viande.

3 – Le bouillon a cuit 30 min. Avec une écumoire, enlevez tous les légumes. Rangez côte à côte dans le bouillon bouillonnant les 12 boulettes de porc.

– Baissez le feu (doux), couvrez la cocotte et laissez cuire 25 min à petits bouillons.

– Enlevez les boulettes du bouillon, égouttez-les et servez-les avec des pâtes de riz.

Mon truc en plus

* Le bouillon et les boulettes peuvent être préparés à l'avance et gardés au réfrigérateur pour une préparation minute.
* Une fois les boulettes cuites, vous pouvez récupérer le bouillon filtré, il sera parfait en soupe avec les carottes recoupées en petits cubes et des vermicelles de riz.

Blanquette de veau

Préparation : 30 min • Cuisson : 1 h

Pour 4 personnes

* 12 cubes de 80 g d'épaule de veau (soit 900 g environ)
* 15 cl de crème fraîche épaisse ⚠
* 1 jaune d'œuf
* 4 carottes
* 4 poireaux
* 16 petits champignons de Paris
* 16 petits oignons
* 1 oignon
* 1/4 de citron (jus)
* 2 clous de girofle ⚠
* 2 cuil. à soupe de Maïzena
* Sel fin
* Poivre noir du moulin ⚠

1 – Mettez les cubes de veau dans une cocotte, couvrez avec 1,5 litre d'eau froide et portez à ébullition.
– Pendant ce temps, pelez 1 oignon et piquez-le avec 2 clous de girofle.
– Épluchez les poireaux, raccourcissez-les jusqu'au vert tendre, lavez-les et coupez chaque poireau en 3 tronçons. Lavez et épluchez les carottes.
– À ébullition, écumez soigneusement l'eau de la cocotte, ajoutez 1 belle cuil. à café de sel et tous les légumes préparés.
– À la nouvelle ébullition, baissez le feu (doux), couvrez la cocotte et laissez mijoter 30 min.
– Pendant ce temps, lavez les champignons de Paris, ôtez leurs pieds et épluchez les petits oignons.
– La blanquette cuit depuis 30 min. Ajoutez les champignons et les petits oignons et couvrez à nouveau la cocotte pour 30 min.

2 – La blanquette cuit depuis 1 h. Avec une écumoire, égouttez viande et légumes dans une passoire posée sur un saladier (jetez l'oignon piqué de clous de girofle).
– Séparez le blanc et le jaune de l'œuf. Mettez le jaune dans un bol, ajoutez la crème fraîche, mélangez, réservez.
– Montez le feu sous la cocotte jusqu'à ce que le bouillon arrive à ébullition.
– Versez 10 cl d'eau froide dans un petit saladier, ajoutez la Maïzena en mélangeant avec le fouet à main puis versez petit à petit ce mélange dans le bouillon en mélangeant sans arrêt avec le fouet à main jusqu'à ce que le bouillon épaississe.

3 – Éteignez le feu sous la cocotte. Ajoutez le mélange crème fraîche/jaune d'œuf et le jus du citron dans le bouillon, sans arrêter de mélanger avec le fouet à main. Rectifiez l'assaisonnement en sel si nécessaire, poivrez à votre goût.
– Dressez la blanquette sur le plat de service, nappez avec la sauce et mettez le reste en saucière.
– Servez avec un riz nature.

Mon truc en plus

* Le problème dans la blanquette, c'est qu'on manque souvent de sauce, ce n'est pas le cas dans cette recette…
* SOS dépannage : n'hésitez pas à cuisiner cette recette pour une ou deux personnes et à congeler les restes (s'il y en a !) en portions individuelles ; cela pourra vous aider un jour où vos placards seront vides…

Daube de bœuf du Luberon

Préparation : 30 min • Cuisson : 2 h 15

Pour 6 à 8 personnes

* 1,4 kg de paleron coupé par le boucher en 40 cubes de 35 g pièce
* 5 carottes
* 1 branche de céleri
* 3 oignons
* 3 gousses d'ail
* 1 feuille de laurier
* 3 pincées de fleur de thym
* 1 orange non traitée (zeste)
* 1 cuil. à soupe de Maïzena
* 1 boîte de tomates pelées (760 g net égoutté)
* 1 petite boîte de concentré de tomate (70 g)
* 1 bouteille de vin rouge corsé
* 10 cl de vinaigre de vin blanc
* 10 cl d'huile d'olive
* 1 morceau de sucre
* Sel fin
* Poivre noir du moulin ⚠

1 – Épluchez les carottes et coupez-les en tranches assez épaisses (3 mm). Réservez.
– Épluchez les oignons, coupez-les en deux, puis en tranches fines. Réservez.
– Coupez la branche de céleri en très fines lamelles. Réservez.
– Épluchez les gousses d'ail, coupez-les en deux et écrasez-les avec le plat d'un couteau. Réservez.
– Égouttez les tomates pelées dans une passoire. Réservez dans un saladier. Rincez et essuyez la passoire.
– Avec un épluche-légumes, prélevez 2 longs zestes sur l'orange.

2 – Versez l'huile d'olive dans une grande cocotte posée sur feu fort. Dès que l'huile est chaude, ajoutez la moitié des cubes de paleron et faites-les bien dorer en mélangeant avec une cuillère en bois. Égouttez-les dans la passoire. Faites dorer les autres cubes de paleron de la même façon et égouttez-les.
– Mettez les tranches de carottes, d'oignons et de céleri dans la cocotte. Laissez cuire 5 min en mélangeant souvent.
– Ajoutez alors l'ail et les cubes de paleron. Mélangez pendant 1 min. Ajoutez le vinaigre de vin blanc, le concentré de tomate et mélangez 1 min.
– Ajoutez alors la bouteille de vin rouge corsé, les tomates, les zestes d'orange, la fleur de thym, la feuille de laurier, le morceau de sucre, 1 belle cuil. à café de sel et du poivre à votre goût. Mélangez et attendez l'ébullition.
– Baissez le feu (très doux), couvrez la cocotte et laissez mijoter à tout petits bouillons pendant 2 h 15.

3 – Égouttez alors viande et légumes dans le plat de service et jetez le laurier et les zestes d'orange. Mettez la Maïzena dans un bol, ajoutez 3 cuil. à soupe d'eau froide et mélangez avec un fouet à main. Montez le feu (fort) et versez, en filet, la Maïzena dans la sauce, sans arrêter de mélanger avec le fouet à main.
– À ébullition, versez la sauce sur la viande et régalez-vous.
– Servez avec des pennes de maïs ou de riz. Ne pas oublier de les rincer à l'eau froide après cuisson.

Mon truc en plus
Papa met toujours un zeste d'orange dans ses sauces au vin rouge ; il apporte un parfum indéfinissable et pourtant très intéressant : à tester d'urgence !

Pintade grillée sauce orange

Préparation : 40 min • Repos au frais : 5 h • Cuisson : 15 min

Pour 4 personnes

* 1 belle pintade fermière de 1,5 kg
* 30 cl de crème fraîche épaisse ⚠
* 1 orange non traitée
* 1/4 de citron (jus)
* 1 gousse d'ail
* 2 cuil. à café de concentré de tomate
* 1 poignée de raisins secs
* 2 cuil. à café de moutarde forte ⚠
* 2 cuil. à soupe + 10 cl de Grand Marnier ou Cointreau
* Sel fin
* Poivre noir du moulin ⚠

1 *Au moins 5 heures à l'avance*

– Coupez la pintade en 5 morceaux : les 2 cuisses, les 2 ailes et le bréchet. Gardez la carcasse pour faire un bouillon de volaille. Rangez les 5 morceaux sur un plat.

– Épluchez la gousse d'ail, coupez-la en deux pour la débarrasser de son germe, puis en morceaux au-dessus d'un mixeur. Avec un épluche-légumes, prélevez 2 longs zestes sur l'orange et coupez-les en morceaux au-dessus du mixeur. Ajoutez le jus de l'orange, les 2 cuil. à soupe de Grand Marnier, 1 cuil. à café rase de sel, du poivre à votre goût et réduisez en un beau liquide orange. Trempez un pinceau dans ce liquide et peignez soigneusement les 2 côtés des morceaux de pintade. Mettez le plat au réfrigérateur.

– Mettez une belle poignée de raisins secs dans un bol, ajoutez les 10 cl de Grand Marnier restants et laissez gonfler. Laisser le tout au frais pendant au moins 5 h.

2 *Au moment du repas*

– Sortez le plat du réfrigérateur et penchez-le au-dessus d'un saladier pour récupérer le jus de l'orange.

– Posez les morceaux de pintade sur la plaque du four. Allumez le gril du four au maximum et, quand il est bien rouge, glissez la plaque en haut du four et laissez bien dorer (environ 8 min) avant de les retourner pour environ 7 min de plus.

3 – Pendant que la pintade grille, préparez la sauce : versez dans une casserole les raisins secs au Grand Marnier, amenez à ébullition, craquez une allumette et faites flamber.

– Ajoutez le concentré de tomate, la moutarde, le jus récupéré de la pintade, mélangez et attendez l'ébullition.

– Ajoutez alors la crème fraîche, 3 pincées de sel, poivrez, mélangez et, à ébullition, baissez le feu (doux) et laissez réduire à petits bouillons jusqu'à la fin de la cuisson de la pintade (10 min env.).

– Rangez les morceaux de pintade sur le plat de service. Ajoutez le jus du citron dans la sauce, mélangez et nappez-les avec cette superbe sauce orange. Servez avec des tagliatelles de riz.

Mon truc en plus

N'oubliez pas de rincer les tagliatelles de riz (ou toutes pâtes sans gluten) immédiatement après cuisson, pour éviter qu'elles ne collent, puis faites-les sauter à la poêle pour les réchauffer.

Fricassée de lapin à la moutarde

Préparation : 20 min • Cuisson : 30 min

Pour 4 personnes

* 1 lapin de 1,5 kg avec son foie
* 30 cl de crème fraîche épaisse ⚠
* 3 échalotes
* 1 cuil. à soupe de moutarde forte ⚠
* 10 cl de vin blanc sec
* 3 cuil. à soupe d'huile d'olive
* Sel fin

Pour décorer

10 brins de ciboulette

1 – Épluchez les échalotes et hachez-les très fin.
– Coupez le lapin en 8 morceaux, salez-les et réservez le foie à part.

2 – Posez une grande cocotte sur feu moyen et versez-y l'huile d'olive. Dès que l'huile est chaude, faites-y dorer (en 2 fois) tous les morceaux de lapin que vous réservez ensuite sur un plat.
– Baissez le feu (doux) sous la cocotte, mettez-y les échalotes et laissez cuire doucement 3 min. Ajoutez alors les morceaux de lapin dorés et le vin blanc sec, montez le feu (fort) et attendez l'ébullition.

3 – Pendant ce temps, mélangez dans un grand bol la crème fraîche et la moutarde. Versez ce mélange dans la cocotte, mélangez longuement, baissez le feu (doux), couvrez la cocotte et laissez mijoter 10 min.
– Mettez le foie du lapin dans un mixeur et réduisez-le en purée. Au bout de 10 min, égouttez les morceaux de lapin et rangez-les sur le plat de service.
– Éteignez le feu sous la cocotte et versez-y le foie en purée en mélangeant avec le fouet à main. Rectifiez l'assaisonnement.
– À travers une passoire fine, versez cette sauce sur les morceaux de lapin en pressant avec le dos d'une cuillère. Parsemez de ciboulette ciselée.
– Servez bien chaud, accompagné de tagliatelles de riz.

Mon truc en plus

N'oubliez pas de rincer les tagliatelles de riz (ou toutes pâtes sans gluten) immédiatement après cuisson, pour éviter qu'elles ne collent, puis faites-les sauter à la poêle pour les réchauffer.

Émincé de bœuf au fenouil

Préparation : 10 min • Cuisson : 10 min

Pour 4 personnes

* 400 g de rumsteck
* 1 gros bulbe de fenouil
* 2 oignons
* 1 cuil. à soupe de miel d'acacia
* 2 cuil. à soupe de vinaigre de vin blanc
* 3 cuil. à soupe d'huile d'olive
* Sel fin
* Poivre noir du moulin ⚠

Pour décorer

8 brins de ciboulette

1 – Coupez le rumsteck en lamelles fines (environ 3 mm). Plus le rumsteck sera froid, plus il se coupera facilement. Réservez.
– Pelez les oignons, coupez-les en deux, puis en tranches fines.
– Épluchez et lavez le fenouil, coupez-le en deux, puis en tranches fines.
– Ciselez les brins de ciboulette.

2 – Dans une grande poêle sur feu fort, versez l'huile d'olive et, dès qu'elle est très chaude, ajoutez les tranches d'oignons et de fenouil, salez, poivrez et faites sauter (ou remuez souvent) pendant 5 min.

3 – Pendant ce temps, salez légèrement les lamelles de rumsteck. Ajoutez-les dans la poêle avec le miel d'acacia et mélangez sans arrêt pendant 3 min.
– Ajoutez alors le vinaigre de vin blanc et mélangez 30 secondes.
– Servez saupoudré de ciboulette ciselée, accompagné de pommes de terre (des rattes) en robe des champs.

Poulet aux cacahuètes

Préparation : 30 min • Cuisson : 50 min

Pour 4 personnes

* 1 poulet fermier de 1,6 kg
* 2 poivrons verts
* 2 aubergines
* 1 oignon
* 2 gousses d'ail
* 3 poignées de cacahuètes non salées
* 1 sachet de noix de coco râpée
* Cannelle en poudre ⚠
* 3 cuil. à soupe d'huile d'olive
* Sel fin
* Poivre noir du moulin ⚠

1 – Coupez le poulet en 10 morceaux. Réservez.
– Épluchez l'oignon, coupez-le en deux puis en tranches fines. Réservez.
– Videz les poivrons verts de leurs graines et, dans le sens de la longueur, coupez-les en lanières de 1 cm de large. Réservez.
– Lavez les aubergines et, sans les peler, coupez-les en deux dans le sens de la longueur puis en tronçons de 3 cm de large. Réservez.
– Épluchez les gousses d'ail, coupez-les en deux pour enlever le germe vert, hachez-les très fin. Réservez.
– Mettez les tronçons d'aubergines et les lanières de poivrons dans un grand saladier, ajoutez 1 cuil. à café de sel, du poivre à votre goût et, avec la main, mélangez longuement.

2 – Dans une grande cocotte posée sur feu moyen, versez l'huile d'olive et, quand elle est chaude, faites dorer, en deux fois, tous les morceaux de poulet que vous réservez ensuite sur un grand plat.
– Baissez le feu (doux) sous la cocotte, ajoutez-y les tranches d'oignon, mélangez et laissez cuire doucement 5 min. Versez alors 5 cl d'eau pour décrocher les sucs puis ajoutez les morceaux de poulet dorés, les 2 gousses d'ail hachées, les tronçons d'aubergines et les lamelles de poivrons et mélangez délicatement avec une écumoire.

3 – Couvrez la cocotte et laissez mijoter 30 min. Ajoutez alors les cacahuètes et refermez la cocotte pour 5 min.
– Dressez légumes et poulet sur un grand plat et poudrez chaque morceau de poulet de noix de coco râpée et de 1 pincée de cannelle en poudre.

Bon à savoir

Vous pouvez aussi présenter les cuisses de poulet entières, et les aubergines en rondelles de 1 cm d'épaisseur.

Mon truc en plus

L'écumoire ! Elle permet de mélanger en profondeur, en soulevant les ingrédients du fond pour les passer sur le dessus ; ce qui est impossible avec une cuillère en bois.

Nuggets de poulet

Préparation : 15 min • Cuisson : 10 min

Pour 4 personnes

* 4 filets de poulet fermier
* 2 œufs
* 10 cuil. à soupe de polenta instantanée
* Huile d'olive
* Moutarde forte ⚠
* Sel fin

1 – Préparez 3 plats, dont un avec les œufs battus en omelette, un autre avec la polenta. Le troisième étant un grand plat.
– Salez les filets de poulet de chaque côté et, à l'aide d'un pinceau de cuisine, enduisez un côté de chaque filet de moutarde.

2 – Coupez chaque filet de poulet en tranches de 2 cm. Trempez ensuite les filets de poulet moutardés un par un dans les œufs battus en omelette dans un plat, puis roulez-les dans la polenta instantanée qui se trouve dans l'autre plat, réservez ensuite dans le grand plat.

3 – Mettez de l'huile d'olive dans une poêle posée sur feu moyen/doux. Quand elle est chaude, rangez-y les morceaux de poulet et faites-les dorer sur tous les côtés (environ 10 min de cuisson).
– Servez avec des pommes de terre sautées et du ketchup maison (voir recette du *Hot ketchup*, p. 140).

Mon truc en plus
Je croyais à regret que je n'allais plus jamais pouvoir manger de « junk food », jusqu'au jour où nous avons mis au point cette recette. Eh bien, après avoir mangé ces nuggets, il y a fort à parier que vous aussi ne pourrez plus en manger d'autres et ce, même si vous tolérez le gluten…

Poulet gratiné au fromage

Préparation : 20 min • Cuisson : 30 min

Pour 4 personnes

* 1 poulet fermier de 1,6 kg
* 20 cl + 1 cuil. à soupe de crème fraîche épaisse ⚠
* 150 g de gruyère ⚠
* 1 morceau de sucre
* 1 belle cuil. à café de Maïzena
* 25 cl de vin blanc sec
* 1 cuil. à soupe de moutarde forte ⚠
* 2 cuil. à soupe d'huile d'olive
* Sel fin
* Poivre noir du moulin ⚠

1 – Coupez le poulet en 8 morceaux : les 2 cuisses, les 2 avant-cuisses, les 2 ailes et la partie arrière de la carcasse (gardez l'avant de la carcasse pour un bouillon de volaille). Salez-les et poivrez-les.

2 – Dans une cocotte sur feu fort, versez l'huile d'olive et faites dorer les morceaux de poulet en 2 fois puis remettez tous les morceaux dans la cocotte.
– Ajoutez le vin blanc sec et le sucre, raclez bien le fond de la cocotte avec une cuillère en bois, baissez le feu (moyen) et laissez bouillir à petits bouillons pendant 5 min.
– Baissez alors le feu (doux). Râpez le gruyère et ajoutez-en 100 g dans la cocotte avec 20 cl de crème fraîche. Mélangez et laissez cuire à tout petits bouillons pendant 10 min.
– Avec une grande fourchette, égouttez les morceaux de poulet et rangez-les, côte à côte, dans un grand plat à gratin.

3 – Allumez le gril du four.
– Mettez la Maïzena dans un bol, ajoutez 3 cuil. à soupe d'eau froide et mélangez avec un fouet à main. Versez en filet dans la sauce bouillante en mélangeant avec le fouet à main puis versez cette sauce dans un grand saladier.
– Ajoutez-y 1 cuil. à soupe de crème fraîche et la moutarde. Mélangez avec le fouet à main, rectifiez l'assaisonnement si nécessaire et répartissez cette sauce sur les morceaux de poulet que vous saupoudrez du reste de gruyère râpé par vos soins.
– Mettez le plat en haut du four, sous le gril bien rouge, et laissez gratiner environ 5 min.
– Vous pouvez le servir avec des épinards.

Mon truc en plus
Si la sauce se délie dans le plat à gratin, ajoutez 1 glaçon et mélangez avec le fouet à main.

Côtes d'agneau panées à la niçoise

Préparation : 15 min • Cuisson : 10 min

Pour 4 personnes

* 8 belles côtes d'agneau
* 1 œuf
* 40 g de parmesan ⚠
* 3 cuil. à soupe de polenta instantanée
* 1/2 pot de tapenade noire (soit environ 45 g)
* 4 cuil. à soupe d'huile d'olive

Pour servir

1 citron

1 – Vous avez 2 plats devant vous.
– Dans le premier, cassez 1 œuf et battez-le en omelette.
– Dans le second, versez la polenta instantanée, ajoutez le parmesan que vous aurez râpé et mélangez soigneusement.

2 – Sur chaque côte d'agneau, posez une noisette de tapenade et, avec un couteau, étalez-la délicatement.
– Recommencez sur l'autre côté des côtes d'agneau. Trempez alors une côte d'agneau dans l'œuf battu (des 2 côtés) puis posez-la dans la polenta pour que cette dernière s'accroche sur l'œuf (des 2 côtés).
– Réservez les 8 côtes sur un plat.

3 – Dans une grande poêle, sur feu moyen, versez 2 cuil. à soupe d'huile d'olive et, dès qu'elle est chaude, rangez-y 4 côtes d'agneau et laissez cuire et dorer 2 à 3 min de chaque côté.
– Recommencez avec les 4 autres côtes d'agneau.
– Servez avec des quartiers de citron pour pouvoir en presser quelques gouttes sur les côtes d'agneau.
– Vous pouvez accompagner ce plat d'une ratatouille faite maison.

Mon truc en plus

Pas besoin d'ajouter du sel dans cette recette, le parmesan et la tapenade en apportent suffisamment.

Le gigot de 7 h

À commencer la veille • Préparation : 30 min • Cuisson totale : 7 h

Pour 4 personnes

* 1 beau gigot d'agneau de 2,1 kg
* 24 échalotes (2 filets)
* 2 cuil. à soupe de Maïzena
* 2 morceaux de sucre
* 1 bouteille 1/2 de vin rouge corsé
* Huile d'olive
* Gros sel marin
* Sel fin

1 *La veille*

– Huilez et salez le gigot.
– Dans une grande cocotte posée sur feu vif, versez 3 cuil. à soupe d'huile d'olive. Quand l'huile est chaude, ajoutez le gigot et faites-le dorer sur tous les côtés.
– Sortez le gigot de la cocotte et jetez l'huile. Remettez ensuite le gigot dans la cocotte, côté bombé sur le dessus.
– Entourez-le des échalotes pelées, ajoutez le vin rouge corsé, les morceaux de sucre et 1 cuil. à café rase de gros sel.
– À ébullition, couvrez et mettez au four (froid) que vous allumez à 110 °C (th. 3-4).
– 3 h après, éteignez le four en laissant la cocotte dedans jusqu'au lendemain.

2 *Le jour même*

– 4 h avant le repas, la cocotte étant toujours dans le four éteint, retournez le gigot (côté bombé sur le fond de la cocotte), allumez le four à 90 °C (th. 3) et cuisez le gigot pendant 4 h.
– Sortez alors le gigot de la cocotte et disposez-le sur le plat de service avec les échalotes.

3 – Dans un bol, délayez 2 cuil. à soupe bombées de Maïzena dans un peu d'eau froide. Dans une casserole sur feu fort, mettez la sauce de la cocotte et, à ébullition, incorporez petit à petit la Maïzena sans arrêter de battre avec le fouet à main. Quand la sauce a épaissi, dès la nouvelle ébullition, éteignez le feu.
– Répartissez une partie de la sauce autour du gigot et mettez le reste en saucière.
– Servez avec des pommes de terre vapeur ou de la purée.

Mon truc en plus

Je suis totalement mordue de pommes de terre, je les propose donc tout naturellement en accompagnement, mais le plus souvent on accompagne ce plat de pâtes sans gluten qu'il faut impérativement rincer sous l'eau courante froide après cuisson (pour éviter qu'elles ne collent, puis faites-les sauter à la poêle pour les réchauffer).

Pensez-y !

Voici quelques idées de plats de viandes et volailles dans lesquels vous êtes sûrs qu'il n'y a **pas de gluten, s'ils sont « faits maison » et sous réserve d'avoir vérifié les ingrédients suspects au début du livre (voir « Le gluten peut être caché », p. 13)** :

* Agneau au lait de coco
* Bœuf aux oignons (Attention à la sauce soja : utiliser de la sauce tamari, voir p. 16)
* Brochettes de poulet
* Carré d'agneau au four
* Chili con carne
* Épaule d'agneau au romarin
* Filet mignon rôti aux zestes d'orange
* Fricassée de foies de volaille
* Magret de canard
* Méchoui
* Parmentier au confit de canard
* Porc au caramel
* Poulet basquaise
* Rôti de porc
* Rôti de veau aux champignons
* Tajine de bœuf aux légumes

Vous pouvez déguster ces plats avec nos *Galettes de coquillettes au beaufort* (p. 94), notre *Gratin de potiron aux champignons* (p. 96), nos *Pancakes de pommes de terre* (p. 88), notre *Gratin de pommes de terre au fromage* (p. 99), notre *Paillasson de pommes de terre* (p. 90), notre *Polenta* (p. 87), notre *Tian d'aubergines et tomates* (p. 92) ou les accompagner de pâtes de riz, de frites ou de riz basmati.

Et pensez à réutiliser notre recette de *Bouillon de légumes* (p. 138) pour réaliser une poule au pot ou un pot-au-feu.

Clafoutis de tomates cerises au cumin

Préparation : 10 min • Cuisson totale : 35 min

Pour 6 personnes

* 750 g de tomates cerises (3 paquets de 250 g)
* 25 cl de crème fraîche épaisse ⚠
* 1 cuil. à soupe de beurre ramolli (pour le moule)
* 3 gros jaunes d'œufs
* 2 cuil. à soupe de poudre d'amande
* 1 cuil. à café bombée de sucre en poudre
* 1 cuil. à café de cumin en poudre ⚠
* 1 cuil. à soupe de Maïzena
* 2 cuil. à soupe d'huile d'olive
* Sel fin
* Poivre noir du moulin ⚠

Ustensile

1 moule à clafoutis (ø 26 cm)

1 – Préchauffez votre four à 180 °C (th. 6).
– Lavez les tomates cerises et égouttez-les.
– Posez une grande poêle sur feu fort et versez-y l'huile d'olive.
– Quand l'huile est chaude, ajoutez les tomates cerises égouttées, salez-les, saupoudrez-les de cumin en poudre et faites les sauter pendant 5 min.
– Saupoudrez les tomates cerises de 1 cuil. à café bombée de sucre en poudre à la fin de la cuisson et donnez-leur un tour de poêle.

2 – Beurrez le moule à clafoutis et versez-y les tomates chaudes pour qu'elles couvrent toute la surface du moule.
– Mettez les jaunes d'œufs dans un saladier moyen, ajoutez la crème fraîche, la poudre d'amande, 3 pincées de sel, du poivre à votre goût et 1 belle cuil. à soupe de Maïzena délayée avec 3 cuil. à soupe d'eau.

3 – Battez le tout à la fourchette et versez sur les tomates cerises.
– Ouvrez le four préchauffé, enfournez le moule sur une plaque (ou une grille) placée à mi-hauteur et laissez cuire 30 min.
– Mangez chaud et bien doré.

Socca

Préparation : 20 min • Cuisson : 15 min

Pour 2 grosses crêpes épaisses/4-8 personnes

* 160 g de farine de pois chiche
* 5 cuil. à soupe d'huile d'olive
* 1 cuil. à café de bicarbonate de soude

Ustensile

1 poêle moyenne (ø 20 cm) munie d'un manche supportant la chaleur du four

1 – Préchauffez votre four à 210 °C (th. 7).
– Mettez la farine de pois chiche dans un saladier, faites un puits au milieu et mettez-y le bicarbonate de soude. Versez ensuite 20 cl d'eau froide en mélangeant sans arrêt avec un fouet à main.
– Toujours en mélangeant, ajoutez 4 cuil. à soupe d'huile d'olive. La pâte à socca est prête. Laissez-la reposer 15 min, pendant que votre four chauffe.

2 – Lorsque le four est à température, posez la poêle sur feu moyen et versez-y 1 cuil. à soupe d'huile d'olive.
– Quand l'huile est chaude, versez-y la moitié de la pâte à socca, baissez le feu (doux) et laissez cuire 2 min.
– Mettez alors la poêle au milieu du four pendant 5 min.

3 – En protégeant votre main avec un gant ignifugé, sortez la poêle du four et glissez cette superbe crêpe épaisse et solide sur une grande assiette. Recommencez avec l'autre partie de la pâte.
– Vous pouvez partager chaque crêpe en 2 (voire en 4) et servir avec une viande rouge et du ketchup maison (voir recette du *Hot ketchup*, p. 140).

Mon truc en plus

* Je mange cette crêpe encore chaude avec du fromage (camembert, comté ou autres) et une salade de mâche.
* Je m'en sers aussi comme pâte à pizza : je prends quelques oignons émincés, sautés rapidement à l'huile d'olive, 1 boîte de chair de tomates en cubes, des herbes de Provence.
Je mélange le tout, j'étale sur la crêpe de socca, je rajoute quelques tranches de mozzarella et je mets au four. Une petite merveille !

Polenta

Préparation : 10 min • Repos : 1 h • Cuisson totale : 20 min

Pour 4 personnes

* 125 g de polenta instantanée
* 1 morceau de parmesan ⚠ (équivalent à 3 cuil. à soupe de fromage râpé)
* 1 cuil. à soupe d'huile d'olive + 1 cuil. à soupe (pour huiler la plaque)
* Sel fin

1 – Versez 75 cl d'eau dans une grande casserole que vous posez sur feu moyen. Râpez le parmesan.
– À ébullition, ajoutez 1 cuil. à café rase de sel puis la polenta en pluie sans arrêter de mélanger avec un fouet à main.

2 – Tout en continuant à mélanger, ajoutez le parmesan râpé par vos soins. Continuez à mélanger sans arrêt jusqu'à ce que le mélange épaississe (environ 5 min).
– Versez alors le tout sur la plaque du four huilée et étalez la polenta le plus également possible sur 1 cm d'épaisseur (cela doit faire un rectangle de 16 cm x 34 cm environ). Laissez refroidir pendant 1 h au moins.

3 – Au moment du repas, découpez 12 rectangles de la taille d'une carte à jouer, qui feront 2 fournées.
– Versez 1 cuil. à soupe d'huile d'olive dans une grande poêle sur feu fort et, dès qu'elle est chaude, ajoutez 6 rectangles de polenta et laissez bien dorer (environ 5 min) avant de les retourner pour les dorer de l'autre côté (environ 5 min).
– Répétez l'opération pour la 2e fournée, sans remettre d'huile d'olive.
– Servez accompagnée d'un rôti de veau ou de porc.

Mon truc en plus
Ceux qui ne supportent pas les produits laitiers peuvent retirer le parmesan mais il faut alors penser à saler davantage.

Pancakes de pommes de terre

Préparation : 30 min • Cuisson totale : 55 min

Pour 8 pancakes

* 250 g de pommes de terre rattes
* 40 cl de lait entier
* 50 g de beurre
* 1 œuf
* 100 g de farine de riz blanc
* 100 g de farine de maïs
* Piment d'Espelette
* 1 cuil à café de bicarbonate de soude
* Huile d'olive
* Gros sel marin
* Sel fin
* Poivre noir du moulin ⚠

Ustensile

1 moulinette à légumes

1 – Lavez les pommes de terre en les brossant sous l'eau froide.
– Mettez les pommes de terre dans une petite cocotte, couvrez largement d'eau froide et ajoutez 1 cuil. à café bombée de gros sel marin. Mettez sur feu moyen et laissez cuire 25 min à partir de l'ébullition. Pour vérifier si les pommes de terre sont cuites, vous devez pouvoir les transpercer facilement avec la pointe d'un couteau.

2 – Égouttez les pommes de terre et pelez-les immédiatement (il est important de les peler très chaudes, alors protégez-vous bien les mains d'un gant pour ne pas vous brûler) et passez-les très vite à la moulinette à légumes (grille fine) posée sur un saladier. Moulinez.
– Dans un deuxième saladier, mélangez les deux farines et l'œuf, puis ajoutez le lait pour former une pâte lisse.
– Incorporez la purée, la pointe d'un couteau de piment d'Espelette, mélangez, salez et poivrez à votre goût.

3 – Mettez une grande poêle sur feu doux, versez-y 3 cuil. à soupe d'huile d'olive avec 1 noix de beurre et, quand la poêle est chaude, remplissez la moitié d'une louche (ou une petite louche) et versez la pâte dans la poêle pour faire un pancake, procédez de même à côté. Vous pouvez faire 2 pancakes par poêle.
– Faites cuire les pancakes 2 min d'un côté et 2 min 1/2 à 3 min de l'autre côté.
– Accommodez les pancakes selon votre goût.

Mon truc en plus

C'est la pointe de piment d'Espelette qui fait la différence. Ce « petit truc en plus » rehausse les saveurs à la perfection. Avec du saumon fumé et de la crème chantilly, miam, miam...

Paillasson de pommes de terre

Préparation : 20 min • Cuisson : 30 min

Pour 4 personnes

* 3 grosses pommes de terre BF15
* 1 oignon moyen
* 1 pomme granny-smith
* 1 belle cuil. à soupe de beurre
* 5 cuil. à soupe d'huile d'olive
* Sel fin

1 – Épluchez les pommes de terre et râpez-les sur le gros côté d'une râpe posée sur un grand saladier.
– Épluchez l'oignon et la pomme, puis râpez-les de la même façon. Ajoutez 1 cuil. à café de sel et, avec la main, mélangez longuement le tout.

2 – Posez une grande poêle sur feu fort et mettez-y 3 cuil. à soupe d'huile d'olive et le beurre. Dès que le beurre chante, versez votre mélange dans la poêle et avec une écumoire, aplatissez-le pour bien l'égaliser. La crêpe ayant tendance à accrocher, glissez dessous une spatule pour la décrocher si nécessaire. Baissez le feu (doux), posez un couvercle sur la poêle et laissez cuire 15 min.
– Posez un plat rond sur la poêle et retournez le tout.

3 – Reposez la poêle sur le feu doux, mettez-y 2 cuil. à soupe d'huile d'olive, glissez la crêpe dans la poêle pour qu'elle dore de l'autre côté, couvrez à nouveau et laissez cuire 13 min de plus.
– Vous pouvez servir avec des œufs au plat.

Mon truc en plus
Vous pouvez remplacer le beurre par de l'huile d'olive, dans la même quantité.

Écrasée de pommes de terre

Préparation : 30 min • Cuisson : 25 min

Pour 4 personnes

* 1,2 kg de pommes de terre (rattes ou charlottes)
* 12 tomates cerises
* 80 g de roquette (1 petit sachet)
* 2 échalotes
* 10 brins de ciboulette
* 1 petite boîte de filets d'anchois à l'huile de 50 g (environ 10 filets)
* 10 cl de vin blanc sec
* Huile d'olive
* Sel fin
* Poivre noir du moulin ⚠

Pour accompagner

125 g de mesclun

Ustensile

1 cercle (ø 8 cm)

Si vous n'avez pas de cercle, servez-vous d'une boîte de thon de 190 g que vous ouvrez de chaque côté avec un ouvre-boîte, nettoyez bien la boîte puis essuyez-la ; voilà, vous avez un cercle de 8 cm de diamètre ! (avec une boîte de 160 g, le diamètre sera correct mais la hauteur pas suffisante)

1 – Épluchez les pommes de terre et mettez-les dans un saladier d'eau froide pendant quelques min.
– Faites chauffer de l'eau dans la cocotte d'un cuit-vapeur, et, à ébullition, mettez les pommes de terre dans le panier vapeur. Laissez cuire environ 25 min.

2 – Pendant ce temps : lavez puis essuyez les tomates cerises, coupez chacune en deux et réservez. Coupez en morceaux d'environ 1 cm les anchois, coupez aux ciseaux les brins de ciboulette (préalablement rincés et essuyés). Réservez.
– Quand les pommes de terre sont cuites (au bout d'environ 25 min), alors qu'elles sont encore très chaudes, découpez-les en tranches de 1/2 cm en les mettant au fur et à mesure dans un saladier, ajoutez le vin blanc sec, les échalotes hachées finement, la roquette, les anchois coupés en morceaux, la ciboulette coupée et 3 cuil. à soupe d'huile d'olive. Mélangez bien, les pommes de terre s'écrasent lorsqu'on mélange.
– Rectifiez l'assaisonnement en sel et poivre, à votre goût.

3 – Mettez le quart des pommes de terre dans un cercle (disposé sur une des assiettes de service) et tassez-les bien avec le dos d'une cuillère. Puis retirez le cercle doucement. Recommencez cette opération trois fois.
– Disposez 5 moitiés de tomates cerises autour de chaque écrasée et une moitié sur le sommet. Arrosez légèrement chaque écrasée d'un filet d'huile d'olive.
– Servez tiède accompagné d'une salade de mesclun.

Mon truc en plus

Avant de mettre les ingrédients dans le cercle, mouillez-en les rebords intérieurs avec de l'eau froide, la préparation glissera plus facilement.

Tian d'aubergines et tomates

Préparation : 20 min • Cuisson : 40 min

Pour 4 personnes

* 4 belles tomates
* 2 aubergines (du diamètre des tomates)
* 3 boules de mozzarella de bufflonne
* 3 cuil. à soupe d'huile d'olive
* Herbes de Provence
* Sel fin

1 – Préchauffez votre four à 210 °C (th. 7).
– Lavez les aubergines et coupez-les en rondelles de 1 cm d'épaisseur (sans les peler).
– Avec un pinceau, tartinez très légèrement ces rondelles avec un peu d'huile d'olive. Faites dorer rapidement ces rondelles dans une poêle très chaude et réservez-les au fur et à mesure sur un plat.

2 – Coupez les tomates en rondelles de 1 cm d'épaisseur. Coupez la mozzarella en tranches.
– Huilez légèrement un grand plat à gratin (ou un moule à tarte de 27 cm de diamètre).

3 – Salez très légèrement les rondelles d'aubergines et de tomates, en les alternant et en les faisant se chevaucher. Rangez aubergines, tomates et mozzarella dans le plat à gratin huilé.
– Saupoudrez d'herbes de Provence, arrosez d'un filet d'huile d'olive et enfournez à mi-hauteur pour 40 min.
– Vous pouvez servir avec une viande ou un poisson.

Mon truc en plus
À la sortie du four, vous pouvez arroser votre tian d'un filet de vinaigre de vin blanc, ce qui relèvera les saveurs.

Galettes de coquillettes au beaufort

Préparation : 20 min • Cuisson : 50 min

Pour 4 personnes

* 250 g de coquillettes de riz
* 1 belle cuil. à soupe de Maïzena
* 170 g de beaufort ⚠
* 4 cuil. à café de beurre
* 2 œufs
* 5 cuil. à soupe d'huile d'olive
* Gros sel marin
* Sel fin
* Poivre noir du moulin ⚠

1 – Préchauffez votre four à 90 °C (th. 3).
– Dans une cocotte aux 3/4 remplie d'eau bouillante, ajoutez 1 cuil. à café de gros sel et 1 cuil. à soupe d'huile d'olive. Versez alors les coquillettes de riz, mélangez et laissez bouillir le temps indiqué sur le paquet (environ 7 min).
– Pendant ce temps, râpez le beaufort. Réservez.

2 – Égouttez alors les coquillettes, rincez-les longuement sous l'eau froide et laissez égoutter. Versez les coquillettes dans un grand saladier, ajoutez le beaufort râpé par vos soins et mélangez.
– Cassez les œufs dans un bol, ajoutez la Maïzena, 1/2 cuil. à café de sel fin, du poivre à votre goût et battez le tout en omelette. Versez sur les coquillettes et mélangez longuement.

3 – Posez une poêle sur feu moyen et mettez-y 1 cuil. à café de beurre et 1 cuil. à soupe d'huile d'olive. Dès que le beurre chante, ajoutez 1/4 des coquillettes, tassez bien le dessus avec le dos d'une cuillère à soupe pour former une galette d'environ 15 cm de diamètre. Baissez le feu (doux) et laissez dorer 5 min. Retournez la galette pour la cuire 5 min de plus de l'autre côté. Recommencez 3 fois l'opération.
– Déposez les galettes au fur et à mesure sur un plat au four et maintenez au chaud jusqu'au moment de servir.

Mon truc en plus
Pour cette recette, je choisis un beaufort de bonne qualité, bien parfumé, qui donne de la noblesse aux coquillettes. Pour cela, je n'hésite pas à goûter les différentes variétés que peut me proposer mon fromager !

Gratin de potiron aux champignons

Préparation : 20 min • Cuisson totale : 1 h 10

Pour 4 personnes

* 1 kg de potiron
* 600 g de pommes de terre BF15
* 500 g de champignons de Paris
* 150 g d'emmental ⚠
* 4 cuil. à soupe d'huile d'olive
* Sel fin
* Poivre noir du moulin ⚠

Ustensiles

1 cuit-vapeur
1 moulinette à légumes

1 – Préchauffez votre four à 210 °C (th. 7)
– Coupez le potiron en tranches (comme un melon), pelez-le largement et coupez la chair en lamelles de 1/2 cm d'épaisseur. Mettez ces lamelles dans un cuit-vapeur en ébullition pour 15 min.

2 – Pendant ce temps, lavez puis pelez les pommes de terre et coupez-les en tranches de 1 cm. Au bout des 15 min de cuisson du potiron, ajoutez les tranches de pommes de terre sur les lamelles de potiron et laissez cuire 25 min supplémentaires (soit 40 min au total).
– Râpez l'emmental.
– Enlevez la queue des champignons de Paris et coupez les têtes en tranches fines.
– Dans une grande poêle, mettez 2 cuil. à soupe d'huile d'olive et, quand elle est chaude, ajoutez les champignons. Salez, poivrez, et faites-les sauter jusqu'à ce qu'ils soient dorés (environ 7 min).

3 – Quand ils sont cuits, passez potiron et pommes de terre à la moulinette (grille moyenne), ajoutez 100 g d'emmental râpé par vos soins, 1 belle cuil. à café de sel, du poivre à votre goût et 2 cuil. à soupe d'huile d'olive. Mélangez longuement et rectifiez l'assaisonnement si nécessaire.
– Versez le tout dans un plat à gratin huilé. Parsemez le reste d'emmental sur le gratin et enfournez à mi-hauteur pour 25 min.
– Servez bien chaud.

Gratin de blettes

Préparation : 30 min • Cuisson totale : 1 h 10

Pour 4 personnes

* 1 petite boîte de filets d'anchois à l'huile de 50 g (environ 10 filets)
* 120 g de gruyère ⚠
* 2 belles blettes
* 3 belles tomates
* 1/2 citron (jus)
* 1 oignon
* 5 gousses d'ail
* 12 olives noires dénoyautées
* 5 cuil. à soupe d'huile d'olive
* Gros sel marin
* Poivre noir du moulin ⚠

1 – Préchauffez votre four à 240 °C (th. 8).
– Lavez les blettes, enlevez les feuilles vertes et réservez-les.
– Posez sur feu fort une cocotte aux 3/4 remplie d'eau bouillante et attendez l'ébullition. Pendant ce temps, enlevez les fils des tiges de blettes pour les éplucher (comme des haricots verts) et coupez-les en tronçons de 3 cm.
– L'eau de la cocotte arrive à ébullition. Mettez-y les tomates pour 15 secondes et égouttez-les. Dans l'eau bouillante, ajoutez 1 cuil. à soupe rase de gros sel marin, 1 cuil. à soupe d'huile d'olive, le jus du citron, les gousses d'ail non pelées et les tronçons de blettes. Laissez cuire 40 min à petits bouillons et à découvert.

2 – Pendant ce temps, épluchez l'oignon, coupez-le en deux, hachez-le fin et réservez. Coupez les olives noires en 4 rondelles. Réservez. Pelez les tomates, coupez-les en deux horizontalement, pressez-les entre les doigts pour éliminer jus et pépins, hachez-les grossièrement. Réservez.
– Les blettes cuisent depuis 40 min. Avec une écumoire, égouttez-les dans une passoire, récupérez les gousses d'ail, écrasez-les avec une fourchette pour en récupérer la pulpe que vous réservez.
– Ajoutez les feuilles vertes des blettes dans l'eau bouillante de la cocotte, attendez la nouvelle ébullition et, avec une écumoire, égouttez-les dans une deuxième passoire, pressez bien le dessus pour éliminer toute l'eau et hachez-les grossièrement. Réservez.

3 – Versez une louche d'eau de cuisson des blettes dans un grand mixeur, ajoutez les anchois, la pulpe d'ail et réduisez en purée. Réservez.
– Râpez le gruyère.
– Dans une grande poêle posée sur feu moyen, versez le reste d'huile d'olive. Dès qu'elle est chaude, ajoutez l'oignon et laissez cuire 3 min en mélangeant souvent.
– Ajoutez alors les tomates, les olives noires, le vert des blettes hachées, le contenu du mixeur, mélangez, montez le feu (fort) et attendez l'ébullition. Laissez bouillir 2 min puis ajoutez les tronçons de blettes. Mélangez, poivrez (ne salez pas) et laissez cuire 5 min.
– Ajoutez alors 100 g de gruyère râpé, mélangez longuement et versez le tout dans un plat à gratin. Parsemez le reste de gruyère râpé et enfournez à mi-hauteur pour 15 min.

Mon truc en plus
Le gratin de blettes est un plat principal ; cependant, il peut très bien accompagner une salade de mâche ou de roquette selon la saison.

Gratin de pommes de terre au fromage

Préparation : 30 min • Cuisson totale : 1 h 45

Pour 4 personnes

* 1,2 kg de grosses pommes de terre (bintje)
* 3 gousses d'ail
* 60 cl de lait entier
* 1 œuf
* 120 g de gruyère ⚠
* 1 cuil. à soupe de beurre ramolli
* Noix muscade ⚠
* Sel fin

1 – Épluchez les gousses d'ail, écrasez-les avec le plat d'un couteau et mettez-les dans une casserole. Versez dessus le lait, 1 cuil. à café de sel et posez la casserole sur feu moyen. À ébullition, enlevez la casserole du feu et laissez l'ail infuser dans le lait 30 min.
– Pendant ce temps, beurrez un grand plat à gratin. Réservez. Râpez le gruyère. Réservez.

2 – Préchauffez votre four à 150 °C (th. 5).
– Pelez les pommes de terre et, sur le côté coupant d'une râpe, coupez-les en chips. Rangez une couche de « chips » se chevauchant dans le plat à gratin beurré, saupoudrez légèrement d'un peu de gruyère râpé et, couche après couche, en « fromageant » légèrement chaque couche (en garder pour la fin), rangez ainsi toutes les chips de pomme de terre.

3 – Cassez l'œuf dans un saladier, battez-le à la fourchette et, à travers une passoire fine, versez dessus le lait tiède. Râpez dessus un peu de noix muscade, mélangez et versez le tout dans le plat à gratin. Finissez en parsemant le reste de gruyère râpé et enfournez à mi-hauteur.
– Au bout de 1 h de cuisson, protégez votre gratin avec une feuille de papier aluminium et continuez la cuisson 45 min.
– Servir avec des côtes d'agneau ou un magret de canard.

Mon truc en plus

Une tradition veut que l'on frotte l'intérieur d'un plat à gratin avec une gousse d'ail. En effet, à l'époque, les plats à gratin étaient en terre cuite, donc poreuse ; la gousse d'ail frottée empêchait alors au récipient d'emmagasiner les odeurs du plat précédent. Mais actuellement, cela n'a plus lieu d'être. En revanche, pour communiquer à votre plat ce délicieux parfum ensoleillé, je vous conseille de mettre des gousses d'ail écrasées dans du lait et de les laisser infuser.

Risotto aux petits pois et carottes

Préparation : 15 min • Cuisson totale : 30 min

Pour 4 à 6 personnes

* 400 g de riz rond arborio pour risotto
* 2 yaourts nature
* 50 g de parmesan ⚠
* 200 g de petits pois surgelés (soit 35 cl)
* 2 carottes
* 1 oignon moyen
* 2 gousses d'ail
* 10 cl de vin blanc
* 6 cuil. à soupe d'huile d'olive
* Sel fin

1 – Épluchez puis coupez les carottes en petits cubes de 5 mm, réservez. Râpez le parmesan, réservez. Préparez 70 cl d'eau dans un verre doseur. Épluchez 1 oignon moyen et hachez-le. Épluchez les gousses d'ail, dégermez-les et hachez-les.

2 – Dans une cocotte (ou une sauteuse) posée sur feu doux, versez l'huile d'olive et, quand elle est chaude, ajoutez l'oignon haché et mélangez pendant 5 min, puis ajoutez l'ail haché et mélangez encore pendant 2 min. Ajoutez alors le riz et mélangez sans arrêt avec la cuillère en bois jusqu'à ce que les grains de riz deviennent transparents (environ 3 min).
– Ajoutez alors le vin blanc, montez le feu (moyen) et laissez réduire jusqu'à ce que le vin blanc soit pratiquement évaporé.

3 – Prenez le verre doseur avec les 70 cl d'eau. Au bout de 3 min (environ), ajoutez 20 cl d'eau et les petits cubes de carottes et mélangez sans arrêt avec la cuillère en bois jusqu'à ce que l'eau soit totalement absorbée (environ 1 min).
– Ajoutez alors à nouveau 20 cl d'eau, 1 cuil. à café de sel fin et les petits pois surgelés. Mélangez à nouveau. Dès que l'eau est absorbée (environ 6 min) ajoutez 10 cl d'eau et mélangez toujours. Dès que l'eau est absorbée (environ 2 min), ajoutez 10 cl d'eau et mélangez toujours. Répétez l'opération avec le reste d'eau. Dès que l'eau est totalement absorbée, ajoutez les yaourts nature, mélangez pendant 2 min puis ajoutez le parmesan râpé. Mélangez et éteignez le feu tout de suite après.
– Rectifiez l'assaisonnement en sel si nécessaire et servir.

Mon truc en plus

* Vous pouvez remplacer l'eau par un bouillon de légumes fait maison (p. 138).
* Je n'utilise pas de cubes de bouillon vendus dans le commerce car je n'en ai jamais trouvé sans gluten (lequel est présent sous forme de levure).

Risotto aux champignons

Trempage : 1 h • Préparation : 15 min • Cuisson : 25 min

Pour 4 personnes

* 300 g de riz rond arborio pour risotto
* 50 g de champignons séchés (mousserons, cèpes, etc.)
* 1 oignon moyen
* 1 yaourt nature
* 80 cl de bouillon de légumes maison (p. 138)
* 10 cl de vin blanc sec
* 5 cuil. à soupe d'huile d'olive
* Sel fin

Pour servir

100 g de parmesan ⚠

1 *1 h avant*

– Mettez les champignons séchés dans un grand saladier, versez dessus 50 cl d'eau chaude et laissez gonfler 1 h.

– Avec une écumoire, égouttez délicatement les champignons sans toucher le fond du saladier, qui contient la terre de champignons, et séchez-les dans un papier absorbant.

– Mettez un filtre papier (à café) sur un entonnoir posé dans une bouteille et filtrez 20 cl d'eau des champignons.

2 *Au moment du repas*

– Râpez le parmesan.

– Épluchez l'oignon et hachez-le.

– Dans une cocotte (ou une sauteuse) posée sur feu doux, versez l'huile d'olive et, quand elle est chaude, ajoutez l'oignon haché et mélangez pendant 3 min. Ajoutez alors le riz et mélangez jusqu'à ce qu'il devienne transparent (environ 5 min). Ajoutez alors le vin blanc, montez le feu (moyen) et laissez bouillir jusqu'à évaporation (environ 3 min).

– Ajoutez alors les champignons, mélangez pendant 1 min, puis ajoutez 1 louche de bouillon et mélangez sans arrêt jusqu'à ce que le bouillon soit totalement absorbé par le riz. Recommencez jusqu'à épuisement du bouillon.

3 – Lorsque tout le bouillon a été absorbé, ajoutez l'eau des champignons et mélangez jusqu'à absorption. Rectifiez l'assaisonnement en sel, ajoutez le yaourt et mélangez rapidement.

– Servez en présentant le parmesan râpé à part.

Mon truc en plus

Si vous n'avez pas de bouillon de légumes fait maison, remplacez-le par 60 cl d'eau et utilisez 40 cl d'eau de réhydratation des champignons au lieu de 20 cl.

Millefeuille d'aubergines

Préparation : 30 min • Cuisson totale : 20 min

Pour 4 personnes

* 2 aubergines
* 2 tomates
* 1 bouquet de basilic
* 1 bûche de fromage de chèvre
* 2 cuil. à soupe d'huile d'olive
* Sel fin

Pour accompagner

125 g de mesclun (1 sachet)

1 – Allumez le gril du four.

– Dans les aubergines, coupez 12 tranches de 2 cm d'épaisseur. Versez l'huile d'olive dans un bol et avec un pinceau de cuisine, enduisez-en légèrement les tranches d'aubergines et salez-les légèrement de chaque côté.

– Disposez ces tranches sur la grille du four que vous glissez dans le haut du four et, porte ouverte et en surveillant, faites dorer les tranches d'un côté. Puis retournez-les et faites-les dorer de la même façon de l'autre côté. Réservez.

– Éteignez le gril et préchauffez votre four à 210 °C (th. 7).

2 – Lavez et essuyez les tomates et coupez chaque tomate en 4 tranches (soit 8 tranches), ne les salez pas. Réservez.

– Hachez grossièrement les feuilles d'un bouquet de basilic. Réservez.

– Coupez 8 tranches de 1 cm d'épaisseur dans une bûche de fromage de chèvre. Réservez.

– Huilez légèrement un plat à gratin. Posez dessus 1 tranche d'aubergine, puis 1 tranche de tomate, saupoudrez de basilic haché, puis posez 1 tranche de fromage de chèvre, puis 1 tranche d'aubergine, puis 1 tranche de tomate, saupoudrez de basilic haché, puis posez 1 tranche d'aubergine et enfin 1 tranche de fromage de chèvre.

– Recommencez pour les 3 autres millefeuilles.

3 – Quand le four est chaud, enfournez le plat à gratin à mi-hauteur et attendez que le fromage soit bien doré (environ 10 min).

– Servez avec une salade de mesclun.

Courgettes farcies au thon

Préparation : 30 min • Cuisson : 30 min

Pour 4 personnes

* 4 courgettes
* 2 belles poignées de roquette
* 1 gros oignon
* 2 gousses d'ail
* 1 boîte de thon au naturel (140 g net égoutté)
* 80 g de gruyère ⚠
* 4 cuil. à soupe d'huile d'olive
* Gros sel marin
* Sel fin
* Poivre noir du moulin ⚠

1 – Préchauffez votre four à 180 °C (th. 6).
– Lavez les courgettes, coupez-les en deux dans le sens de la longueur. Avec une cuillère à café, videz-les de leurs graines et enlevez petit à petit toute la chair sans percer la peau. Réservez.
– Pelez les gousses d'ail et l'oignon, hachez-les très fin. Réservez. Hachez la roquette. Réservez. Râpez le gruyère. Réservez.

2 – Dans un grand saladier, égouttez le thon, ajoutez l'huile d'olive et écrasez le tout à la fourchette.
– Ajoutez alors la chair des courgettes, l'ail, l'oignon, la roquette, le gruyère râpé par vos soins. Salez, poivrez et mélangez longuement.

3 – Farcissez les courgettes avec ce mélange et posez-les sur la plaque du four.
– Enfournez à mi-hauteur pour 30 min.

Mon truc en plus
Je répartis 3 poignées de gros sel marin sur la plaque du four et je pose les courgettes dessus, ce qui les maintiendra bien à plat pendant la cuisson et leur évitera d'attacher.

Pensez-y !

Voici quelques idées de légumes et plats d'accompagnement dans lesquels vous êtes sûrs qu'il n'y a **pas de gluten, s'ils sont « faits maison » et sous réserve d'avoir vérifié les ingrédients suspects au début du livre (voir « Le gluten peut être caché », p. 13) :**

* Artichauts à la barigoule
* Carottes Vichy
* Caviar d'aubergines
* Jardinières de légumes
* Pommes duchesse
* Purée de carottes au cumin
* Ratatouille
* Tajine de pommes de terre
* Tomates provençales

Vous pouvez servir ces légumes et accompagnements avec nos *Soupes* (pp. 51 à 55), nos *Poissons* (pp. 56 à 65) et nos *Viandes* (pp. 66 à 83).

Riz au lait au caramel

Préparation : 40 min • Cuisson totale : 1 h 15 • Repos au frais : 4 h

Pour 6 personnes

* 330 g de riz rond
* 125 cl de lait + 1 cuil. à soupe
* 2 cuil. à soupe de beurre
* 6 jaunes d'œufs
* 1 poignée de raisins de Smyrne
* 250 g de miel d'acacia
* 1 gousse de vanille
* Sel fin

Pour le caramel

* 250 g de miel d'acacia
* 10 cl de crème fraîche épaisse ⚠

1 *Le riz au lait*

– Remplissez aux 3/4 d'eau une cocotte pouvant aller au four et posez-la sur feu fort.

– Mettez le riz rond dans une passoire et rincez-le longuement sous l'eau froide. Égouttez-le.

– Dès que l'eau de la cocotte bout, versez-y le riz lavé et égoutté, mélangez et attendez la nouvelle ébullition. Laissez alors bouillir 5 min et égouttez le riz dans une passoire. Essuyez la cocotte.

– Préchauffez votre four à 210 °C (th. 7).

– Fendez la gousse de vanille dans le sens de la longueur et, avec un couteau, grattez les petites graines que vous mettez dans la cocotte avec les morceaux de gousses de vanille.

– Ajoutez le lait, le miel d'acacia, le beurre, 1 pincée de sel, mélangez et attendez l'ébullition. Ajoutez alors le riz blanchi et égoutté, les raisins de Smyrne et mélangez jusqu'à ébullition.

– Couvrez alors la cocotte et mettez-la au four pour 35 min.

2 – Sortez alors la cocotte du four, transvasez le riz dans un grand saladier et laissez-le tiédir 20 min.

– Pendant ce temps, mélangez dans un saladier les jaunes d'œufs avec 1 cuil. à soupe de lait.

– Au bout de 20 min, quand le riz est tiédi, ajoutez-lui les jaunes, mélangez longuement et mettez au réfrigérateur pour 4 h ou plus.

3 *Le caramel*

– Au moment du dessert, versez le miel d'acacia dans une casserole que vous posez sur feu moyen. Le miel va fondre, bouillir puis, petit à petit, prendre une couleur de plus en plus foncée.

– Quand la couleur devient bien brune, ajoutez la crème fraîche et, dès l'ébullition, baissez le feu (très doux) et laissez frissonner 5 min.

– Versez en saucière et attendez que le caramel tiédisse pour servir.

Mon truc en plus

Cette recette n'utilise que les jaunes des œufs. Si vous voulez utiliser les blancs, vous pouvez faire des *Meringues* (p. 132) ou des *Tuiles aux amandes* (p. 126).

Moelleux au chocolat et au gingembre confit

Réfrigération du chocolat : 2 h • Préparation : 40 min • Cuisson : 30 min • Repos au frais : 2 h

Pour 8 gourmands

* 200 g de chocolat noir à 70 % de cacao ⚠
* 100 g de sucre en poudre
* 2 cuil. à soupe bien pleines de Maïzena
* 4 œufs
* 200 g de beurre + 1 cuil. à soupe (pour le moule)
* 150 g de gingembre confit
* Sel fin

Pour le glaçage

* 100 g de chocolat noir à 70 % de cacao ⚠
* 1 cuil. à café bombée de beurre

Ustensile

1 moule à manqué (ø 26 cm)

1 – 1 h avant de commencer la recette, placez le chocolat du glaçage au réfrigérateur pour qu'il soit bien froid.
– Au moment de commencer la recette, préchauffez votre four à 150 °C (th. 5) et beurrez un moule à manqué.
– Mettez 1 cuil. à soupe d'eau dans une casserole à fond épais, ajoutez les 200 g de chocolat noir cassé en carrés et mettez sur feu doux. Dès que le chocolat commence à fondre ajoutez petit à petit le beurre coupé en petits morceaux. Mélangez souvent avec une cuillère en bois. Quand le mélange a fondu, éteignez le feu et réservez.
– Séparez les blancs et les jaunes des œufs, mettez les jaunes dans un saladier moyen et les blancs dans un grand saladier que vous réservez au frigo.
– Versez le sucre en poudre dans le saladier contenant les jaunes et battez le tout au fouet électrique en commençant à petite vitesse et en montant progressivement jusqu'à grande vitesse. Fouettez jusqu'à ce que le mélange double de volume et devienne crémeux (environ 8 min). Lavez les fouets.
– Dans la préparation au chocolat (refroidie), ajoutez la Maïzena tamisée et fouettez énergiquement avec un fouet à main pour l'incorporer. Coupez le gingembre confit en fines tranches puis en petits morceaux et ajoutez-les à la préparation au chocolat et mélangez bien avec la cuillère en bois. Ajoutez les jaunes d'œufs montés avec le sucre et mélangez bien.

2 – Ajoutez 1 pincée de sel dans les blancs d'œufs et montez-les en neige avec le fouet électrique. Ajoutez aux blancs en neige la préparation au chocolat et mélangez délicatement avec une spatule en caoutchouc en soulevant la masse pour ne pas « casser » les blancs en neige. Versez le tout délicatement dans le moule beurré, puis enfournez sur une plaque à mi-hauteur. Laissez cuire 30 min.
– Démoulez votre gâteau sur une grille lorsqu'il est tiède.

Mon truc en plus

Si vous ne tolérez pas les produits laitiers, pour le moelleux, comme pour le glaçage, vous pouvez parfaitement remplacer le beurre par de la margarine ⚠, sans y perdre en saveur. Dans ce cas, il ne faudra compter que 20 min de cuisson pour le gâteau.

• • •

Moelleux au chocolat et au gingembre confit (suite)

3 – Lorsque le gâteau est froid, préparez le glaçage : avec un grand couteau, coupez en copeaux le chocolat sur une planche à découper et mettez-les dans un petit saladier. Il y a sur le feu un plat à gratin à moitié rempli d'eau à ébullition. Posez le saladier dedans et éteignez immédiatement le feu. Dès que le chocolat commence à fondre enlevez le saladier de l'eau chaude et, en mélangeant avec une cuillère, finissez de le faire fondre. Ajoutez alors 1 cuil. à café bombée de beurre. Mélangez longuement et, à l'aide d'une spatule en caoutchouc, versez le mélange au centre du gâteau refroidi puis, avec une spatule à lame longue et plate, étalez rapidement le glaçage sur toute la surface du gâteau.
Au bout de 2 h le glaçage aura durci.

Variantes

Moelleux au chocolat et coco. Remplacez le gingembre confit par 125 g de noix de coco râpée (soit 1 sachet) et suivez la recette.
Moelleux au chocolat et amande. Remplacez le gingembre confit par 125 g de poudre d'amande (soit 1 sachet) et suivez la recette, mais ne faites cuire que 25 min cette fois-ci.

Clafoutis aux cerises

Préparation : 15 min • Cuisson totale : 50 min

Pour 6 personnes

* 500 g de cerises griottes surgelées dénoyautées
* 4 œufs
* 250 g de crème fraîche épaisse ⚠
* 90 g de sucre en poudre + 2 cuil. à soupe
* 1 gousse de vanille
* 1 cuil. à soupe de kirsch
* Sel fin

Ustensile

1 moule à clafoutis (ø 26 cm)

1 – Préchauffez votre four à 200 °C (th. 6-7).
– Coupez la gousse de vanille en deux dans le sens de la longueur, raclez les grains avec la pointe du couteau et mettez-les dans un grand saladier.
– Cassez les œufs dessus, ajoutez 1 pincée de sel et battez-les en omelette avec une fourchette.
– Ajoutez à ce mélange 90 g de sucre en poudre, la crème fraîche épaisse, le kirsch et battez avec un fouet à main.

2 – Répartissez les griottes surgelées dans un moule à clafoutis en serrant bien les cerises les unes contre les autres et couvrez avec la préparation liquide.
– Ouvrez le four préchauffé et enfournez le moule sur une plaque placée à mi-hauteur.

3 – Au bout de 30 min de cuisson, recouvrez le clafoutis avec un carré de papier aluminium et laissez cuire 20 min de plus (soit 50 min de cuisson en tout).
– À la sortie du four, saupoudrez le clafoutis encore chaud de 2 cuil. à soupe de sucre en poudre.
– Laissez refroidir le clafoutis avant de le déguster le jour même.

Mon truc en plus

* Il vaut mieux faire le clafoutis avec des cerises surgelées ; le résultat est bien meilleur car elles décongèlent pendant la cuisson au lieu de cuire.
* Si vous souhaitez utiliser des cerises fraîches pendant la saison, prenez-en 700 g (soit une centaine) perte comprise, car elles vont perdre de l'eau une fois congelées. Équeutez-les et dénoyautez-les, puis disposez-les sur le fond du moule à clafoutis que vous placerez au congélateur quelques h avant de faire la recette.

Variante

Clafoutis aux abricots. Remplacez les cerises par 700 g d'abricots bien mûrs (soit 10 gros abricots) et suivez la recette du clafoutis à la cerise en mettant 10 g de sucre supplémentaire au mélange et en supprimant le kirsch. Attention, le temps de cuisson sera alors réduit de 10 min, soit 40 min de cuisson au total.

Tarte aux pommes

Préparation : 30 min • Repos de la pâte au frais : 2 h • Cuisson : 15 min

Pour 4 personnes

* 2 pommes golden
* 200 g de compote de pommes
* 125 g de farine de riz blanc
  + 4 cuil. à soupe
* 75 g de Maïzena
* 100 g de sucre en poudre
  + 4-5 cuil. à soupe
* 2 pincées de bicarbonate de soude
* 1 œuf
* 100 g de beurre ramolli
  + 1 cuil. à soupe (pour le moule)

1 – Dans un grand saladier, mettez la farine de riz blanc, la Maïzena, les 100 g de sucre en poudre, le bicarbonate de soude et mélangez. Ajoutez l'œuf et les 100 g de beurre ramolli. Mélangez d'abord avec une cuillère en bois puis avec vos mains. Posez la pâte sur le plan de travail propre et fariné et travaillez la pâte avec la paume de la main en l'écrasant et en la faisant passer d'un côté à l'autre (pour la sabler). Faite une boule et mettez-la au réfrigérateur pour 2 h.
– Au bout de 1 h 30, préchauffez votre four à 240 °C (th. 8). Épluchez les pommes et, avec un épluche-légumes, enlevez en tournant le centre dur et coupez-les en deux horizontalement, puis en fines tranches verticalement et réservez-les.

2 – Quand la pâte a fini son repos au frais, farinez le plan de travail. Posez la pâte sur la farine, farinez-en légèrement le dessus et, avec votre main, commencez à l'écraser jusqu'à ce qu'elle prenne la taille d'une assiette à café. Disposez-la ensuite sur un papier sulfurisé découpé à la dimension d'une plaque de cuisson, saupoudrez légèrement de farine le dessus de la pâte et avec un rouleau à pâtisserie (ou avec une bouteille en verre nettoyée) étalez-la.
– Retournez très délicatement sur la pâte une grande assiette (d'environ 30 cm de diamètre) et, avec un couteau à lame pointue, découpez la pâte (sans couper le papier sulfurisé) en contournant l'assiette avec un couteau à lame pointue et ôtez l'excédent de pâte. Déplacez ensuite le papier sulfurisé avec la pâte dessus sur la plaque de cuisson.

3 – À l'aide d'une longue spatule plate, étalez délicatement la compote de pommes sur la pâte, puis disposez dessus les tranches de pommes, en les collant bien serrées les unes aux autres, en forme de rosace. Saupoudrez avec les 4-5 cuil. à soupe de sucre en poudre et enfournez à mi-hauteur pour 15 min de cuisson.

Mon truc en plus

* Lorsque vous sortez la tarte du four, la pâte est encore assez molle. C'est normal, il faut la laisser reposer 1/2 heure pour qu'elle durcisse. Vous pouvez alors la déguster tiède, c'est délicieux.
* Sans y perdre en saveur, vous pouvez parfaitement remplacer le beurre par de la margarine.

Crumble aux pommes et aux raisins secs

Préparation : 30 min • Cuisson : 30 min

Pour 4 personnes

* 1 kg de pommes golden (4 ou 5 pommes)
* 1/4 citron (jus)
* 75 g de raisins secs
* 1 cuil. à soupe de beurre ramolli (pour le plat)
* 2 cuil. à soupe de sucre en poudre
* 1 pincée de cannelle en poudre ⚠
* 1 cuil. à soupe de rhum

Pour la pâte à crumble

* 75 g de farine de riz blanc
* 50 g de poudre d'amande
* 40 g de sucre en poudre
* 75 g de beurre ramolli
* 1 pincée de sel

1 – Préchauffez votre four à 210 °C (th. 7) environ 25 min avant de commencer la recette.
– Mettez dans un bol les raisins secs, couvrez-les largement d'eau chaude et laissez-les gonfler.
– Beurrez un plat à gratin moyen (environ 21 × 28 cm).

2 – Épluchez les pommes, coupez-les en quatre pour enlever le centre dur, puis en fines tranches que vous mettez dans un grand saladier. Pressez dessus le jus du citron, ajoutez la cannelle et mélangez. Égouttez les raisins en les pressant entre les doigts, ajoutez-les aux pommes avec 2 cuil. à soupe de sucre en poudre, le rhum et mélangez bien. Étalez ce mélange dans le plat à gratin beurré.

3 – Préparez la pâte à crumble : mettez dans un saladier la farine de riz blanc, la poudre d'amande, les 40 g de sucre en poudre, le sel et mélangez avec une cuillère. Ajoutez le beurre ramolli et, avec le bout des doigts, commencez à mélanger la farine. Continuez jusqu'à ce que vous obteniez des petits grumeaux. Répartissez soigneusement ces grumeaux sur les pommes et tassez-les légèrement avec le dos d'une cuillère.
– Enfournez le plat à mi-hauteur pour 30 min de cuisson.
– Servez le crumble bien doré, dans le plat de cuisson.

Mon truc en plus

Si vous ne tolérez pas les produits laitiers, vous pouvez parfaitement enduire le plat de margarine ⚠ au lieu de le beurrer, sans y perdre en saveur.

Gâteau de carottes

Préparation : 15 min • Cuisson : 50 min

Pour 6 personnes

* 350 g de carottes (270 g une fois pelées)
* 1 citron non traité
* 5 œufs
* 1 cuil. à soupe de beurre ramolli (pour le moule)
* 3 cuil. à soupe de Maïzena
* 250 g de sucre en poudre + 1 cuil. à soupe pour le moule
* 170 g de poudre d'amande
* 1/2 cuil. à café de cannelle en poudre ⚠
* 1 cuil. à café de bicarbonate de soude

Pour la décoration

Sucre glace (Saint-Louis)

Ustensile

1 moule à manqué (ø 22 cm)

1 – Préchauffez votre four à 170 °C (th. 5-6).
– Épluchez les carottes et râpez-les sur le petit côté d'une râpe. Réservez.

2 – Beurrez le moule, ajoutez la belle cuil. à soupe de sucre en poudre et tapotez le moule dans tous les sens pour que le sucre « s'accroche » sur le beurre.
– Râpez le zeste du citron au-dessus d'une petite assiette.
– Cassez les œufs dans un grand saladier, ajoutez les 250 g de sucre en poudre et battez au fouet électrique (grande vitesse) pendant 5 min. Le mélange blanchit et double de volume.
– Tenez une passoire fine au-dessus du saladier et mettez-y la maïzena, le bicarbonate de soude et la cannelle. Tapotez le bord de la passoire pour que tous les ingrédients tombent, mélangés et sans grumeaux, dans le saladier. Ajoutez le zeste râpé et le jus du citron, puis les carottes râpées et la poudre d'amande.

3 – Mélangez délicatement avec une spatule en caoutchouc et versez dans le moule beurré et sucré.
– Enfournez à mi-hauteur pour 50 min.
– Démoulez le gâteau, posez-le sur une grille, attendez qu'il soit refroidi et poudrez-le de sucre glace.

Mon truc en plus

Si vous ne tolérez pas les produits laitiers, vous pouvez enduire le moule de margarine ⚠ au lieu de le beurrer, sans y perdre en saveur.

Mousse d'ananas et son coulis

Préparation : 1 h • Cuisson totale : 1 h • Repos au frais : 5 h

Pour 6-8 personnes

Pour la mousse

* 1 grande boîte de tranches d'ananas (soit 10 tranches entières)
* 500 g de fromage blanc
* 15 cl de lait demi-écrémé
* 2 jaunes d'œufs
* 15 cl de sucre en poudre
* 1 sachet de 9 feuilles de gélatine (soit 17 g)

Pour le coulis

* 1 petite boîte de tranches d'ananas (soit 4 tranches entières)
* 60 cl de jus d'ananas frais
* 20 cl de sucre en poudre
* 1 gousse de vanille

Ustensile

1 saladier (environ ø 17 cm)

Mon truc en plus
Ne prenez pas un saladier trop grand pour mouler votre mousse, elle risquerait de casser au démoulage.

1 *La mousse*

– Pliez en deux les feuilles de gélatine et mettez-les dans un bol rempli d'eau froide pour les ramollir.
– Mettez une passoire fine sur un saladier, versez-y le contenu de la boîte de tranches d'ananas pour récupérer le jus dans le saladier.
– Posez une casserole sur feu fort et versez-y le jus pour le faire réduire à gros bouillons jusqu'à ce qu'il en reste la valeur de 2 cuil. à soupe (attention, il faut surveiller) ; le liquide devient sirupeux. Versez ce sirop dans un grand saladier.
– Mettez les tranches d'ananas dans un mixeur et réduisez-les en purée. Réservez.

2 – Mettez les jaunes d'œufs dans une casserole, ajoutez le lait et le sucre en poudre. Posez la casserole sur feu moyen et battez sans arrêt avec un fouet à main jusqu'à ce que le mélange épaississe et arrive au ras de l'ébullition (environ 10 min ; attention, le mélange ne doit jamais bouillir).
– Versez alors la crème épaissie dans le grand saladier contenant le sirop, mélangez avec le fouet à main et ajoutez-y les feuilles de gélatine essorées entre vos doigts. Mélangez tout de suite pour faire fondre la gélatine.
– Ajoutez la purée d'ananas dans la crème tiède, mélangez avec un fouet à main, ajoutez le fromage blanc et mélangez longuement.
– Filmez l'intérieur d'un saladier d'environ 17 cm de diamètre en faisant largement dépasser du film étirable sur les bords du saladier, versez alors l'appareil à mousse dedans. Filmez le dessus du saladier et mettez au réfrigérateur pour au moins 5 h. Pendant ce temps, faites le coulis d'ananas.

3 *Le coulis*

– Fendre la gousse de vanille, raclez l'intérieur et mettez le tout dans une casserole avec le sucre en poudre, le jus d'ananas, les tranches d'ananas et le jus de la petite boîte d'ananas et amenez à ébullition (feu fort). Baissez ensuite le feu très doux et laissez cuire à tout petits bouillons et à découvert pendant 30 min. Retirez alors la gousse de vanille.

• • •

Mousse d'ananas et son coulis (suite)

– Une fois que le mélange est tiède, réduisez-le en purée à l'aide d'un mixeur que vous actionnez à plusieurs reprises (pour ne pas faire trop chauffer le moteur) jusqu'à ce qu'il n'y ait plus de morceaux. Mettez ensuite le tout dans un grand bol, puis au réfrigérateur.

Au moment de servir le dessert

– Sortez le saladier avec la mousse d'ananas, retirez le film plastique du dessus du saladier, placez sur le dessus du saladier un plat de service rond et retournez très rapidement le saladier avec le plat. Une fois le plat posé sur une surface plate, tirez les bords du film étirable qui dépassent du saladier de façon à démouler la mousse.

– Retirez délicatement le film étirable collé à la mousse.

– Déposez les parts de mousse dans les assiettes et arrosez-les de coulis d'ananas.

Mousse au chocolat

Préparation : 30 min • Repos au frais : 5 h

Pour 6 personnes

* 160 g de chocolat noir à 70 % de cacao ⚠
* 2 cuil. à soupe de cacao en poudre
* 5 jaunes d'œufs
* 80 g de beurre ramolli
* 50 cl de crème liquide très froide ⚠
* 110 g de sucre en poudre
* Sel fin

1 – Mettez un grand saladier au freezer ou au congélateur.
– Posez sur feu doux un grand plat à gratin aux 3/4 rempli d'eau chaude.
– Mettez les jaunes d'œufs dans un saladier moyen. Ajoutez-y le sucre en poudre, le beurre ramolli et battez au fouet électrique, à vitesse moyenne, pendant 3 min.
– L'eau du plat à gratin est arrivée à ébullition. En protégeant vos mains, posez ce plat devant vous, posez dans l'eau bouillante le saladier et, avec le fouet électrique à vitesse moyenne, battez pendant 13 min.
– Le mélange a alors doublé de volume. Sortez le saladier de l'eau (qui a tiédi) et réservez. Lavez les fouets.

2 – Reposez le plat à gratin (avec l'eau) sur feu très doux.
– Cassez en petits morceaux le chocolat dans un petit saladier. Posez-le dans l'eau chaude du plat à gratin et laissez fondre le chocolat tout doucement. L'eau ne doit jamais bouillir.
– Pendant que le chocolat fond, sortez le grand saladier du freezer ou du congélateur, versez-y la crème liquide très froide, ajoutez 1 pincée de sel et, avec le fouet électrique (vitesse moyenne, puis forte), montez la crème en chantilly ferme.
– Le chocolat a fondu, versez-le sur les jaunes gonflés et mousseux, ajoutez le cacao en poudre et mélangez soigneusement avec une spatule en caoutchouc.

3 – Versez alors le tout sur la chantilly et, avec la spatule en caoutchouc, mélangez délicatement en soulevant la masse pour ne pas « casser » la chantilly.
– Mettez au réfrigérateur pour 5 h ou plus.

Mon truc en plus

* Choisissez de la crème liquide entière, elle montera mieux en chantilly.
* Si vous utilisez 2 packs de 25 cl de crème liquide, prenez soin de les entreposer à l'envers au réfrigérateur. Ainsi, le dépôt de crème sortira plus facilement au moment de l'utilisation.
* Cette recette n'utilise que les jaunes des œufs. Si vous voulez utiliser les blancs, vous pouvez faire des *Meringues* (p. 132) ou des *Tuiles aux amandes* (p. 126).

Soufflé à la liqueur d'orange

Préparation : 25 min • Cuisson : 25 min

Pour 4 personnes

* 7 œufs
* 1 cuil. à soupe de beurre ramolli (pour le moule)
* 90 g de sucre en poudre + 1 cuil. à soupe (pour le moule)
* 10 cl de liqueur d'orange
* Sel fin

Ustensile

1 moule à soufflé (ø 20 cm)

1 – Préchauffez votre four à 180 °C (th. 6).
– Beurrez soigneusement le moule à soufflé, ajoutez la cuil. à soupe de sucre en poudre et tapotez le moule dans tous les sens pour que le sucre « s'accroche » sur le beurre. Réservez.
– Posez sur feu moyen un grand plat à gratin à moitié rempli d'eau chaude et laissez arriver à ébullition.

2 – Dans 2 grands saladiers, séparez les blancs et les jaunes des œufs (sauf le septième jaune que vous gardez pour faire des *Sablés*, p. 122). Mettez le saladier contenant les blancs au réfrigérateur.
– Dans le saladier contenant les jaunes, ajoutez les 90 g de sucre en poudre et battez avec le fouet électrique (vitesse moyenne) pendant 3 min.
– En protégeant vos mains, enlevez le plat à gratin du feu et posez-le devant vous. Posez dans l'eau bouillante le saladier contenant les jaunes et le sucre, ajoutez la liqueur d'orange et, toujours avec le fouet électrique (petite vitesse), fouettez pendant 14 min. À ce moment-là, le mélange a doublé de volume et l'eau du bain-marie est devenue tiède. Lavez les fouets.

3 – Sortez du réfrigérateur le saladier contenant les blancs d'œufs, ajoutez 1 pincée de sel et, avec le fouet électrique, montez les blancs en neige ferme mais pas trop. Avec une spatule en caoutchouc, mélangez délicatement les blancs aux jaunes en soulevant la masse pour ne pas « casser » les blancs.
– Versez le mélange dans le moule à soufflé beurré et sucré et mettez aux 3/4 bas du four. Laissez cuire 25 min. Servez très vite.

Mon truc en plus

* Le secret des soufflés sucrés réussis, c'est de toujours mettre un blanc d'œuf de plus que les jaunes.
* Si vous ne tolérez pas les produits laitiers, vous pouvez enduire le moule de margarine ⚠ au lieu de le beurrer.

Sablés

Préparation : 30 min • Repos de la pâte : 2 h • Cuisson totale : 45 min

Pour environ 60 sablés

* 150 g de farine de riz blanc + 4 cuil. à soupe (pour fariner)
* 100 g de Maïzena
* 1/2 cuil. à café de bicarbonate de soude
* 125 g de sucre en poudre
* 1 jaune d'œuf
* 125 g de beurre ramolli
* 1/2 cuil. à café d'extrait de vanille

Ustensile

1 emporte-pièce (ø 6 cm)

1 – Farinez votre plan de travail.
– Mettez dans un grand saladier les 150 g de farine de riz blanc, la Maïzena tamisée, le sucre en poudre, le jaune d'œuf, le bicarbonate de soude, l'extrait de vanille et le beurre ramolli. Mélangez d'abord avec une cuillère en bois puis avec vos mains (bien lavées).
– Posez la pâte sur le plan de travail et travaillez votre pâte avec la paume de la main en l'écrasant et en la faisant passer d'un côté à l'autre (pour la sabler). Faites une boule avec cette pâte et mettez-la au réfrigérateur pour 2 h.

2 – Au bout de 1 h 30, préchauffez votre four à 150 °C (th. 5). Nettoyez votre plan de travail et farinez-le.
– Au bout de 2 h, posez la pâte sur le plan de travail et farinez-en légèrement le dessus, avec votre main commencez à l'écraser jusqu'à ce qu'elle prenne la taille d'une assiette à café. Saupoudrez légèrement de farine le dessus de la pâte et avec un rouleau à pâtisserie (ou avec une bouteille en verre nettoyée) étalez-la bien (en un peu plus grande que la plaque du four).

3 – Recouvrez votre plaque de cuisson avec du papier sulfurisé.
– Avec un emporte-pièce, constituez des sablés et disposez-les sur cette plaque. Attention, les sablés vont gonfler pendant la cuisson : espacez-les de façon à ce qu'ils ne se touchent pas. Vous pouvez mettre environ 20 sablés par plaque.
– Enfournez à mi-hauteur pour 15 min de cuisson.
– Quand ils sont cuits, laissez-les refroidir avant de les manipuler (sinon ils se cassent) et disposez-les sur un plat.
– Placez ensuite la deuxième plaque du four avec une deuxième fournée de sablés. Si vous n'avez qu'une plaque, il faut la refroidir sous l'eau courante et l'essuyer avant de disposer le papier cuisson et les sablés dessus.

Mon truc en plus

* Lorsque vous sortez les sablés du four, ils sont encore mous. C'est normal, ils durcissent en refroidissant.
* Si vous ne tolérez pas les produits laitiers, vous pouvez parfaitement remplacer le beurre par de la margarine ⚠, sans y perdre en saveur.

Variantes

Sablés au citron. Remplacez l'extrait de vanille par le zeste de 2 citrons non traités râpés (côté fin de la râpe).

Sablés au chocolat. Remplacez l'extrait de vanille par 2 belles cuil. à soupe de cacao en poudre tamisé.

Cake au citron

Préparation : 15 min • Levée de la pâte : 50 min • Cuisson totale : 1 h • Prise du glaçage : 1 h

Pour 1 cake

* 250 g de mix pâtisserie « maison » (p. 14) ou de Mix Pâtisserie Mix C (Schär)
* 1 cuil. à café bien pleine de bicarbonate de soude
* 4 œufs
* 225 g de beurre ramolli + 1 cuil. à soupe
* 160 g de sucre en poudre
* 2 citrons non traités

Pour le glaçage

* 1/2 citron (jus)
* 8 à 10 très grosses cuil. à soupe de sucre glace (Saint-Louis) ⚠

Ustensile

1 moule à cake (26 cm de long)

1 *Le cake*

– N'oubliez pas de sortir le beurre du réfrigérateur 1 h avant de préparer la recette.

– Lavez et essuyez les citrons et, au-dessus d'un saladier moyen, râpez le zeste sur le côté fin d'une râpe. Ajoutez le mix. Mélangez. Réservez.

– Pressez le jus des citrons. Réservez dans un grand bol. Dans un grand saladier mettez le beurre ramolli, le sucre en poudre et, avec le fouet électrique, battez pendant 4 min à vitesse moyenne.

– Puis sans arrêter de mélanger, ajoutez les œufs un à un, en attendant chaque fois que l'œuf soit complètement incorporé avant d'ajouter le suivant. Ajoutez le bicarbonate au jus des citrons : le mélange se met à mousser. Mélangez un peu et incorporez-le doucement à la préparation en mélangeant toujours au fouet électrique. Sans arrêter de mélanger, ajoutez le mix et les zestes râpés.

– Beurrez un moule à cake avec 1 cuil. à soupe de beurre ramolli et versez-y la pâte.

– Placez le moule dans un endroit chaud et sans courant d'air pour laisser monter la pâte pendant 50 min. Pendant ce temps, préchauffez votre four à 150 °C (th. 5).

2 – Ouvrez le four préchauffé, enfournez le moule sur une plaque placée à mi-hauteur et laissez cuire 1 h.

– Une fois le cake sorti du four, attendez au moins 45 min avant de le démouler avec précaution sur une grille et laissez-le complètement refroidir à l'air libre.

3 *Le glaçage*

– Quand le cake est bien froid, préparez le glaçage.

– Mettez le jus du 1/2 citron dans un saladier puis, à travers une passoire fine posée sur le saladier, tamisez le sucre glace et mélangez pour obtenir une pâte épaisse comme de la crème fraîche. Si toutefois le mélange n'était pas assez épais parce que le citron a donné beaucoup de jus, ajoutez du sucre glace jusqu'à la consistance voulue.

– Posez, côte à côte, de grosses cuillerées de cette pâte sur le dessus du cake jusqu'à le couvrir entièrement. Au bout de 1 h, le glaçage aura durci.

Mon truc en plus

Si vous ne tolérez pas les produits laitiers, vous pouvez parfaitement remplacer le beurre par de la margarine ⚠, sans y perdre en saveur. Dans ce cas, pas besoin de la sortir 1 h avant pour qu'elle ramollisse, 20 min suffisent.

Tuiles aux amandes

Préparation : 20 min • Cuisson totale : 40 min

Pour 36 tuiles

* 50 g de farine de riz blanc
* 25 g de farine de maïs
* 3 blancs d'œufs
* 90 g de beurre ramolli
  + 2 cuil. à soupe
  (pour la plaque)
* 100 g d'amandes effilées
* 130 g de sucre glace
  (Saint-Louis)
* Sel fin

Ustensiles

3 bouteilles en verre

1 – Préchauffez votre four à 210 °C (th. 7).
– Faites fondre les 90 g de beurre dans une petite casserole sur feu doux.
– Mettez les blancs d'œufs dans un saladier. Tenez une passoire fine au-dessus du saladier et versez-y le sucre glace, la farine de riz et la farine de maïs. Tapotez le bord de la passoire pour que le sucre glace et les farines tombent, mélangés, sur les blancs d'œufs. Ajoutez 2 pincées de sel et mélangez avec un fouet à main.
– Attendez que le beurre de la casserole ait pris une belle couleur noisette et versez-le, brûlant, dans le saladier en mélangeant avec le fouet à main. La pâte à tuiles est prête. Elle a la consistance de la crème fraîche.

2 – Avec un pinceau, beurrez légèrement la plaque du four avec un peu de beurre ramolli. Prenez une belle cuillerée à café de pâte, posez-la sur la plaque et, avec le dos de la cuillère, étalez-la jusqu'à un diamètre d'environ 8 cm (elle est presque transparente) en un mouvement circulaire. Recommencez pour étaler 5 à 6 tuiles sur la plaque. Saupoudrez chaque tuile avec des amandes effilées.

3 – Enfournez la plaque à mi-hauteur du four préchauffé et faites cuire 5 min. Attention : la cuisson va très vite. Vérifiez à 4 min et, dès que les bords de la tuile blondissent, c'est cuit.
– Enlevez la plaque du four, décrochez très vite les tuiles avec une spatule (elles sont molles pour quelques secondes) et posez-les l'une après l'autre très rapidement sur 3 bouteilles en verre (bien nettoyées) pour qu'elles s'arrondissent. (On peut mettre 2 tuiles sur chaque bouteille).
– Refroidissez la plaque du four sous l'eau froide, essuyez-la, beurrez-la à nouveau et recommencez jusqu'à épuisement de la pâte.

Mon truc en plus

* Si vous ne tolérez pas les produits laitiers, vous pouvez parfaitement remplacer le beurre par de la margarine ⚠, sans y perdre en saveur. Attention, il faut alors baisser le temps de cuisson à 3 min.
* Vous pouvez conserver les tuiles dans une boîte en fer blanc, à l'abri de l'humidité.
* Si vous n'avez pas de bouteilles en verre vide, vous pouvez prendre un rouleau à pâtisserie ou un manche à balai (propre) mais les tuiles seront davantage refermées sur elles-mêmes. Vous pouvez aussi les poser sur une surface plane pour obtenir des tuiles plates et les piquer sur une boule de glace faite maison.

Crêpes

Préparation : 10 min • Cuisson totale : 30 min

Pour 12 crêpes

* 50 g de farine de riz blanc
* 50 g de Maïzena
* 1 cuil. à café de sucre en poudre
* 2 gros œufs
* 20 cl de lait demi-écrémé
* 5 cuil. à soupe de beurre ramolli
* 1/2 cuil. à café d'extrait de vanille
* 1 cuil. à café d'huile de colza
* Sel fin

Ustensiles

1 poêle antiadhésive (ø 21 cm)
1 petite louche
1 mixeur (ou 1 blender si vous en avez un)

1 – Posez une petite casserole sur feu doux et mettez-y 3 cuil. à soupe de beurre.
– En attendant que le beurre fonde, cassez les œufs dans un mixeur, ajoutez la farine de riz blanc, la Maïzena, le sucre en poudre, 10 cl de lait demi-écrémé, l'huile de colza, 1 pincée de sel et le beurre fondu de la casserole, mixez. Ajoutez 10 cl de lait et l'extrait de vanille, et mixez à nouveau. La pâte à crêpe est terminée.

2 – Posez une poêle antiadhésive sur feu fort et enduisez-la d'un peu de beurre ramolli (au total, vous utiliserez 2 cuil. à soupe pour les 12 crêpes). Quand la poêle est très chaude, versez dedans une petite louche de pâte à crêpes et tournez la poêle dans tous les sens pour que la pâte se répartisse sur le fond de la poêle.

3 – Posez la poêle sur feu moyen et laissez cuire jusqu'à ce que la pâte se détache de la poêle (entre 1 min et 1 min 1/2), retournez-la et faites-la cuire de l'autre côté (environ 1 min) puis glissez-la sur une assiette, et ainsi de suite.

Variantes

Lait. Si vous ne tolérez pas les produits laitiers, vous pouvez remplacer le lait de vache par du lait de soja et le beurre par de la margarine ⚠.

Autres parfums. Remplacez l'extrait de vanille par 1 zeste de citron non traité ou par 1 cuil. à soupe de rhum brun ambré ou encore par 1 cuil. à café d'eau de fleur d'oranger.

Pain d'épices

Préparation : 40 min • Repos de la pâte : 1 h • Cuisson totale : 1 h 30

Pour 1 pain

* 500 g de farine de sarrasin
* 1 cuil. à café bombée de bicarbonate de soude
* 25 cl de lait
* 1 cuil. à soupe de beurre doux ramolli (pour le moule)
* 1 belle orange non traitée (zeste)
* 2 cuil. à soupe de sucre en poudre
* 500 g de miel d'acacia
* 1 cuil. à café d'anis vert en grains
* 1/2 cuil. à café de graines de coriandre
* 2 clous de girofle ⚠
* 1 cuil. à café bombée de gingembre en poudre ⚠

Ustensiles

1 moule à cake (26 cm de long)
1 mortier

Mon truc en plus

Si vous ne tolérez pas les produits laitiers, vous pouvez remplacer le lait de vache par du lait de soja mais réduisez alors le temps de cuisson de 10 min.
Et bien sûr, vous pouvez enduire le moule de margarine ⚠ au lieu de le beurrer.

1 – Brossez l'orange sous l'eau chaude, essuyez-la et, avec un épluche-légumes, prélevez les zestes que vous coupez en très fins bâtonnets. Mettez ces bâtonnets dans une petite casserole, couvrez-les largement d'eau froide (1 cm au-dessus des bâtonnets) et amenez à ébullition.
– Égouttez alors les bâtonnets dans une passoire, rincez-les sous l'eau froide, remettez-les dans la casserole, couvrez-les très largement d'eau froide, ajoutez le sucre en poudre et amenez à ébullition. Baissez alors le feu et laissez confire à petits bouillons pendant que vous continuez la recette.

2 – Mettez dans un mortier l'anis vert, la coriandre, les clous de girofle et, avec le pilon, réduisez le tout en poudre que vous mettez dans une soucoupe. Ajoutez le gingembre, mélangez. Réservez.
– Versez le lait dans une casserole, ajoutez le miel d'acacia et amenez à ébullition.
– Pendant ce temps, mettez la farine de sarrasin dans un grand saladier, ajoutez le bicarbonate de soude et mélangez bien.
– Égouttez les bâtonnets d'orange confits et coupez-les en tout petits dés.
– Versez le mélange bouillant lait-miel sur la farine et mélangez longuement avec une cuillère en bois. Ajoutez alors les épices mélangées, les petits dés d'orange confits et mélangez à nouveau.

3 – Beurrez le moule à cake et collez dessus un morceau de papier sulfurisé qui doit dépasser largement sur les côtés. Versez la pâte dans le moule, tapez plusieurs fois fortement le moule sur la table pour tasser la pâte et laissez reposer dans un endroit chaud de la cuisine pendant 1 h.
– Préchauffez votre four à 150 °C (th. 5).
– Au bout de 1 h, la pâte a légèrement gonflé. Mettez le moule au milieu du four préchauffé. Laissez cuire 1 h.
– Sortez alors le moule du four et, en tenant le papier sulfurisé des deux côtés, enlevez le pain d'épices du moule. Détachez délicatement le papier sulfurisé et posez le pain d'épices sur une grille pour le laisser refroidir.

Meringues

Préparation : 30 min • Cuisson totale : 4 h

Pour environ 15 meringues

* 6 gros blancs d'œufs
* 420 g de sucre en poudre
* Sel fin

Ustensile

1 poche à douille avec grosse douille unie (lisse) (facultatif)

1 – Préchauffez votre four à 120 °C (th. 4).
– Préparez 2 bols de sucre : l'un avec 170 g, l'autre avec 250 g.
– Mettez les blancs d'œufs dans un grand saladier, ajoutez 1 pincée de sel et, avec le fouet électrique (vitesse moyenne), commencez à monter les blancs en neige. Quand ils sont à moitié montés, prélevez 2 belles cuil. à soupe de sucre en poudre dans le bol en contenant 170 g. Poudrez-en les blancs sans arrêter de fouetter. Puis, petit à petit, ajoutez le reste des 170 g de sucre en fouettant pour obtenir une neige très ferme. Réservez.

2 – Posez sur feu doux un grand plat à gratin à moitié rempli d'eau chaude. Oubliez-le. Versez 10 cl d'eau dans une petite casserole, ajoutez les 250 g de sucre en poudre restants et posez la casserole sur feu moyen jusqu'à ébullition. Laissez alors bouillir exactement 5 min pour obtenir un sirop que vous versez en filet dans les blancs en neige en recommençant à fouetter à vitesse moyenne.
– L'eau du plat à gratin est à ébullition. Posez dedans le saladier et continuez à fouetter pendant 6 min.
– Enlevez alors le saladier de l'eau bouillante, posez-le devant vous et continuez à fouetter à grande vitesse pendant 8 min. L'appareil à meringue est prêt à cuire.

3 – Couvrez la plaque du four avec du papier sulfurisé, remplissez la poche à douille avec une partie de l'appareil à meringue et faites 8 tas ronds enroulés sur eux-mêmes d'environ 8 cm de diamètre.
– Mettez la plaque au milieu du four et laissez cuire 30 min. Baissez alors le four à 90 °C (th. 3) et laissez cuire 1 h 30 de plus. Recommencez avec le reste de l'appareil.

Mon truc en plus

* Si vous n'avez pas de poche à douille, prélevez une très grosse cuillerée d'appareil à meringue et, avec le dos d'une seconde cuillère, faites-la glisser sur le papier sulfurisé. J'ai tendance à préférer cette méthode car on obtient des meringues hérissées comme un cactus.
* Avec les 6 jaunes d'œufs non utilisés, vous pouvez préparer un *Riz au lait au caramel* (p. 107) ou notre délicieuse *Mousse au chocolat* (p. 119) qui se fait sans blancs d'œufs.

Pain brioché aux pépites de chocolat

Préparation : 30 min (1 h à l'avance) • Levée de la pâte : 30 min • Cuisson : 30 min

Pour 1 pain

* 300 g de mix pain « maison » (p. 14) ou de Mix Pane Mix B (Schär)
* 1 sachet de 5 g de levure du boulanger Briochin (Alsa)
* 4 œufs + 1 jaune
* 10 cl de lait demi-écrémé
* 75 g de beurre ramolli + 1 cuil. à soupe (pour le moule)
* 100 g de pépites de chocolat
* 50 g de sucre en poudre
* Sel fin

Ustensile

1 moule à cake (26 cm de long)

Mon truc en plus

Mettez les pépites de chocolat au congélateur la veille au soir et sortez-les le jour même, au moment de les insérer. Elles sont ainsi plus faciles à manipuler et à incorporer et cela évite qu'elles fondent trop vite pendant la cuisson du pain brioché.

1 – 1 h avant de faire la recette, sortez le beurre du réfrigérateur et mettez les pépites de chocolat au congélateur.
– Dans une casserole faites chauffer légèrement le lait pour qu'il soit tiède.
– Dans un grand saladier, mettez le mix, la levure et le sucre en poudre. Puis sans arrêter de mélanger avec une cuillère en bois, ajoutez les 4 œufs un à un, en attendant chaque fois que l'œuf soit complètement incorporé avant d'ajouter le suivant. Ajoutez le lait tiède, 1 pincée de sel et le beurre ramolli. Mélangez bien avec une cuillère en bois puis avec le fouet électrique en vous servant des batteurs malaxeurs (ceux qui sont en forme de ressort), mélangez à la vitesse entre moyenne et forte pendant 10 min.
– Ajoutez à la pâte petit à petit, en pluie, les pépites de chocolat, tout en soulevant la masse avec la spatule en caoutchouc de manière à bien les incorporer.
– Beurrez un moule à cake et versez-y la pâte.
– Placez le moule dans un endroit chaud et sans courant d'air pour laisser monter la pâte pendant 30 min. Préchauffez votre four à 180 °C (th. 6).

2 – Une fois la pâte levée, enduisez-la au pinceau sur le dessus du jaune d'œuf battu avec 1 cuil. à café d'eau. Ouvrez le four, placez la plaque à mi-hauteur, disposez dessus un petit saladier en Pyrex rempli d'eau et mettez le moule à côté sur la plaque. Fermez rapidement le four pour 30 min de cuisson.

3 – Une fois le pain sorti du four, laissez-le tiédir une dizaine de minutes (pas plus) avant de le démouler. Mettez-le ensuite sur une grille et laissez-le complètement refroidir à l'air libre.

Si vous voulez faire des petits déjeuners ou des goûters épatants, voici un allié de taille !

Petits pains au lait au chocolat

Préparation : 30 min • Levée de la pâte : 30 + 20 min • Cuisson : 8 min par fournée

Pour 20 petits pains

* 400 g de mix pain « maison » (p. 14) ou de Mix Pane Mix B (Schär) + 4 cuil. à soupe
* 1 sachet de 5 g de levure du boulanger Briochin (Alsa)
* 4 œufs + 1 jaune
* 2 cuil. à soupe de lait demi-écrémé
* 75 g de beurre ramolli
* 100 g de pépites de chocolat
* 3 belles cuil. à soupe de sucre en poudre
* Sel fin

Mes trucs en plus

* Vous pouvez remplacer les 2 sachets de levure par le sachet de 10 g de levure inclus dans le paquet Mix Pane.
* Vous pouvez réaliser la pâte la veille au soir. Une fois qu'elle est mélangée, placez un film plastique sur le dessus du saladier pour protéger hermétiquement la pâte et mettez le saladier au réfrigérateur. La pâte va ainsi gonfler tranquillement toute la nuit et vous pourrez la retravailler le lendemain. Beaucoup de boulangers pratiquent ainsi.
* Une fois le four préchauffé à 180 °C (th. 6), vous pouvez reprendre à l'étape 2 (moment où l'on pose la pâte sur le plan de travail).

1 – Mettez au congélateur 100 g de pépites de chocolat.

– Mettez dans un grand saladier 400 g de mix, la levure et le sucre en poudre. Puis, sans arrêter de mélanger avec une cuillère en bois, ajoutez les 4 œufs un à un, en attendant chaque fois que l'œuf soit complètement incorporé avant d'ajouter le suivant. Ajoutez les 2 cuil. à soupe de lait tiède, 1 pincée de sel et le beurre ramolli. Mélangez bien avec une cuillère en bois puis avec un fouet électrique en vous servant des batteurs malaxeurs (ceux qui sont en forme de ressort), mélangez à la vitesse entre moyenne et forte pendant 10 min.

– Placez ensuite le saladier dans un endroit chaud et sans courant d'air pour laisser monter la pâte pendant 30 min. Pendant ce temps, préchauffez votre four à 180 °C (th. 6).

2 – Une fois la pâte levée, posez-la sur un plan de travail bien nettoyé et fariné de mix, mettez un peu de mix sur la pâte et retravaillez-la avec vos mains farinées pour en faire un pâton d'environ 50 cm de long sur 10 cm de large. Marquez légèrement avec la pointe d'un couteau des délimitations tous les 2,5 cm (environ) pour faire 20 petits pains.

– Coupez ensuite une part de 2,5 cm de largeur (environ) et roulez-la délicatement entre vos mains pour lui donner la forme ovale d'un petit pain.

– Sortez du congélateur les pépites de chocolat et mettez-les dans un petit bol.

– Fendez avec un couteau à bout pointu le dessus de ce petit pain sur toute sa longueur, alignez dedans des pépites de chocolat, refermez le petit pain et roulez-le à nouveau délicatement un peu entre vos mains pour lui donner une forme ovale.

– Posez ce petit pain sur la plaque de cuisson recouverte de papier sulfurisé et refaites la même opération avec tout le reste de la pâte. On peut placer environ 10 petits pains par plaque, vous aurez besoin d'utiliser deux plaques de cuisson pour la totalité des petits pains. Si vous n'avez qu'une plaque, mettez la seconde fournée sur le papier sulfurisé (préalablement découpé à la taille de votre plaque de cuisson) et réservez.

•••

3 – Laissez lever les petits pains pendant 20 min puis, à l'aide d'un pinceau de cuisine, enduisez-les du jaune d'œuf battu avec 1 cuil. à café d'eau. Ouvrez le four préchauffé, placez la plaque à mi-hauteur et fermez rapidement pour 8 min de cuisson.
– Une fois sortis du four, disposez les petits pains sur une grille et laissez-les complètement refroidir à l'air libre.
– Placez au milieu du four la seconde plaque de cuisson avec le reste des petits pains pour 8 min. Si vous n'avez qu'une plaque, faites glisser le papier cuisson contenant les petits pains sur la plaque (préalablement refroidie sous eau courante, puis essuyée).
– Une fois sortie du four, disposez la seconde fournée de petits pains sur une grille et laissez-les complètement refroidir à l'air libre.

Ça faisait des années que je n'avais pas mangé de pain au chocolat ; avec cette recette, je m'en suis rapprochée puisque c'est un petit pain au lait au chocolat qui me replonge dans mon enfance au moment du goûter...

Pain de mie au lait

Préparation : 30 min • Levée de la pâte : 30 min • Cuisson totale : 40 min

Pour 1 pain

* 500 g de mix pain « maison » [p. 14] ou de Mix Pane Mix B [Schär]
* 2 sachets de 5 g de levure du boulanger Briochin [Alsa]
* 40 cl de lait demi-écrémé
* 100 g de beurre ramolli + 1 cuil. à soupe
* 1 cuil. à soupe de sucre en poudre
* Sel fin

Ustensile

1 moule à cake [26 cm de long]

1 – Dans une casserole, faites chauffer légèrement le lait pour qu'il soit tiède.
– Dans un grand saladier mettez le mix, la levure du boulanger et 1 cuil. à soupe de sucre en poudre. Ajoutez le lait tiède, 1 pincée de sel et 100 g de beurre ramolli. Mélangez avec une cuillère en bois, puis avec le fouet électrique en vous servant des batteurs malaxeurs [ceux qui sont en forme de ressort], mélangez à la vitesse entre moyenne et forte pendant 10 min.

2 – Beurrez un moule à cake avec 1 cuil. à soupe de beurre ramolli et versez-y la pâte. Répartissez bien et égalisez le dessus.
– Placez le moule dans un endroit chaud et sans courant d'air pour laisser monter la pâte pendant 30 min et préchauffez votre four à 180 °C [th. 6].

3 – Une fois la pâte levée, ouvrez le four préchauffé, placez la plaque au milieu du four, disposez dessus un petit saladier en Pyrex rempli d'eau et mettez le moule à côté sur la plaque.
– Fermez rapidement le four pour 40 min de cuisson.
– Une fois le pain sorti du four, laissez-le tiédir une dizaine de minutes [pas plus] avant de le démouler. Mettez-le ensuite sur une grille et laissez-le complètement refroidir à l'air libre.

J'ai entendu dire qu'une maison vit quand elle sent le pain, je confirme ! Et ceux qui le mangent revivent ! Avec ce pain, j'ai retrouvé des saveurs que j'ai toujours aimées entre la brioche et le pain au lait. On peut aussi bien le déguster nature que toasté avec du beurre et de la confiture ou encore avec du foie gras ; que du bonheur...

Mes trucs en plus

* Vous pouvez remplacer les 2 sachets de levure par le sachet de 10 g de levure inclus dans le paquet Mix Pane.
* En ne laissant pas le pain plus d'une dizaine de minutes dans le moule à la sortie du four vous évitez que de l'humidité se forme, par évaporation, à l'intérieur du moule et, par conséquent, mouille le pain.

Pensez-y !

Voici quelques idées de plaisirs sucrés dans lesquels vous êtes sûrs qu'il n'y a **pas de gluten, s'ils sont « faits maison », y compris les glaces, et sous réserve d'avoir vérifié les ingrédients suspects au début du livre (voir « Le gluten peut être caché », p. 13)** :

* Bavarois
* Bananes flambées
* Compote de pommes à la cannelle
* Mousse au citron
* Oranges et citrons givrés
* Pêche Melba
* Poire Belle-Hélène
* Pommes d'amour (avec colorant alimentaire naturel)
* Sabayons
* Salade de pêches à la verveine
* Sorbets variés

Vous pouvez déguster certains de ces desserts avec nos *Sablés* (p. 122), nos *Tuiles aux amandes* (p. 126), nos *Meringues* (p. 132) ou notre *Cake au citron* (p. 124).

Pour composer des cafés gourmands :

* Mini-macarons
* Orangettes
* Pâtes de fruits
* Petites panna cotta
* Petits rochers à la noix de coco
* Truffes au chocolat

Et pensez à décliner nos recettes de :

* Pâte à crêpes (p. 128) pour réaliser des crêpes Suzette, crêpes roulées à la confiture, gâteaux de crêpes...
* Pâte à tarte (p. 112) pour faire une tarte au chocolat.
* *Sablés* (p. 122) pour faire la base d'un cheese-cake.

Bouillon de légumes

Préparation : 30 min • Cuisson : 1 h

Pour 1,5 litre

* 2 poireaux
* 3 carottes
* 2 navets
* 1 branche de céleri
* 1 oignon
* 1 cuil. à café de gros sel marin

– Épluchez les poireaux et lavez-les longuement sous l'eau froide, puis coupez-les (vert compris) en tronçons de 5 cm.
– Épluchez les carottes, coupez-les en rondelles de 1 cm d'épaisseur.
– Épluchez les navets et coupez-les en cubes de 1 cm.
– Lavez le céleri, ôtez-lui ses fils avec un couteau et coupez-le en tronçons de 1/2 cm.
– Épluchez l'oignon et coupez-le en fines rondelles.
– Mettez tous les légumes dans une grande cocotte et couvrez-les avec 2,5 l d'eau froide et portez à ébullition (feu fort).
– Quand l'eau bout, baissez le feu (petits bouillons), ajoutez le gros sel, mélangez et laissez cuire à découvert 1 h.
– Passez alors bouillon et légumes à travers un chinois (passoire fine) posé sur un grand saladier. Vous obtenez environ 1,5 l de bouillon. Rectifiez en sel si nécessaire.

Mon truc en plus

* Si vous souhaitez donner plus de couleur au bouillon, enlevez un peu de sel et ajoutez 1 cuil. à soupe de sauce tamari ⚠.
* Vous pouvez déguster les légumes en les assaisonnant de notre *Vinaigrette légère* ou de notre *Citronnette* (les deux p. 143).
* Vous pouvez vous servir de ce bouillon pour réaliser plusieurs recettes comme le *Risotto aux petits pois et carottes* (p. 100), le *Risotto aux champignons* (p. 102), les *Boulettes de porc à la thaïe* (p. 66) ou la *Salade thaïe de Murielle* (p. 36).
* Vous pouvez également le déguster nature, il réconcilierait le palais le plus récalcitrant avec les bouillons...

Mayonnaise

Préparation : 6 min

Pour 4 personnes

* 1 jaune d'œuf
* 25 cl d'huile de pépin de raisin ou de colza
* 1 grosse cuil. à café de moutarde forte ⚠
* Sel fin

– Mettez le jaune d'œuf dans un bol.
– Ajoutez la moutarde forte, 3 pincées de sel et mélangez avec un fouet à main pour que le sel fonde. Oubliez ce mélange pendant 1 min.
– Posez le bol sur une triple épaisseur d'essuie-tout que vous avez mouillée. (De cette façon, le bol restera bien fixe pendant l'ajout de l'huile.)
– 1 min après, ajoutez l'huile en filet sans arrêter de mélanger avec le fouet à main. La mayonnaise montera toute seule.

Mon truc en plus

* Le jaune d'œuf mélangé à la moutarde et réservé pendant 1 min provoque une pré-cuisson qui agit comme une colle. Fort de ce secret, vous ne pourrez plus jamais rater une mayonnaise !
* Je préfère l'huile de pépin de raisin car c'est la seule huile qui ne fige pas au réfrigérateur, et qui permet ainsi de conserver sa mayonnaise.

Hot ketchup

Préparation : 15 min • Cuisson : 50 min

Pour 35-40 cl

* 1/2 oignon (soit 3 cuil. à soupe d'oignon haché)
* 2 gousses d'ail
* 60 cl de coulis de tomate ⚠
* 2 cuil. à soupe de sucre en poudre roux
* 2 cuil. à soupe de vinaigre de vin blanc
* 1/2 cuil. à café de Tabasco
* 2 cuil. à soupe d'huile d'olive
* Sel fin

Ustensiles

2 bouteilles en verre de 25 cl
1 entonnoir

– Épluchez le 1/2 oignon et hachez-le finement. Réservez.
– Versez l'huile d'olive dans une casserole posée sur feu moyen et, quand l'huile est chaude, ajoutez l'oignon haché et laissez-le fondre pendant 5 min sans le faire colorer.
– Pendant ce temps, épluchez les gousses d'ail, coupez-les en deux pour en ôter le germe central et hachez-les finement. Réservez.
– Ajoutez dans la casserole le coulis de tomate, l'ail haché, le sucre roux, le vinaigre de vin blanc, le Tabasco. Salez à votre goût.
– Montez le feu fort pour arriver à ébullition puis baissez le feu très doux et laissez mijoter (à tout petits bouillons) pendant 40 min (jusqu'à ce que le mélange épaississe).
– Mixez alors avec le mixeur plongeur. Nettoyez et ébouillantez une bouteille en verre. Placez-y un entonnoir et versez le ketchup dedans. Recommencez la même opération avec une seconde bouteille que vous remplirez à moitié. On obtient entre 35 cl et 40 cl de ketchup, soit 1 bouteille 1/2.
– Laissez refroidir avant de refermer les bouteilles.

Mon truc en plus
Si vous souhaitez offrir à vos enfants la joie de goûter un ketchup maison, sans piment, vous pouvez remplacer le Tabasco par 1/2 cuil. à café de mélange 4-épices (Cook) ⚠.

Fondue de tomates

Préparation : 15 min • Cuisson : 20 min

Pour 4 personnes

* 5 belles tomates
* 8 feuilles de basilic hachées
* 1 gousse d'ail
* 2 pincées de sucre en poudre
* 1 cuil. à soupe d'huile d'olive
* Sel fin
* Poivre noir du moulin ⚠

– Mettez une cocotte aux 3/4 remplie d'eau sur feu fort. Quand l'eau bout, glissez-y les tomates bien mûres, laissez-les 15 secondes, égouttez-les et pelez-les (la peau s'enlève aussi facilement qu'une peau de pêche).
– Coupez les tomates en deux horizontalement, pressez-les entre les doigts pour enlever jus et pépins et coupez-les en petits cubes que vous réservez.
– Épluchez la gousse d'ail, coupez-la en deux dans le sens de la longueur pour enlever le germe central et écrasez les demi-gousses d'ail avec le plat d'un couteau.
– Mettez l'huile d'olive dans une casserole épaisse posée sur feu doux et, quand l'huile est chaude, ajoutez l'ail écrasé et laissez-le cuire 30 secondes sans arrêter de mélanger avec une cuillère en bois.
– Ajoutez alors les cubes de tomates, 3 pincées de sel, le sucre en poudre et 6 tours de moulin à poivre. Mélangez, couvrez la casserole et laissez mijoter à petits bouillons pendant 15 min.
– Découvrez alors la casserole, ajoutez les feuilles de basilic hachées, mélangez et, avec la cuillère en bois, finissez d'écraser les cubes de tomates jusqu'à ce qu'ils soient en purée. Laissez mijoter encore 2 min, rectifiez l'assaisonnement si nécessaire et versez la sauce dans une saucière.
Cette fondue de tomates se sert en garniture de pâtes (de riz ou de maïs).

Mon truc en plus
Que vous choisissiez des pâtes de riz ou de maïs, n'oubliez pas de les rincer immédiatement après cuisson, pour éviter qu'elles ne collent, puis faites-les sauter à la poêle pour les réchauffer.

Sauce béarnaise

Préparation : 20 min • Cuisson : 15 min

Pour 6 personnes

* 4 échalotes
* 20 brins de persil plat
* 250 g de beurre
* 3 jaunes d'œufs
* 2 cuil. à soupe d'estragon séché
* 10 cl de vin blanc sec
* 10 cl de vinaigre d'alcool blanc
* Sel fin
* Poivre noir en grains

– Concassez grossièrement 2 cuil. à café de grains de poivre noir.
– Épluchez les échalotes et hachez-les fin. Mettez-les dans une casserole, ajoutez le vin blanc sec, le vinaigre d'alcool blanc, l'estragon séché, le poivre concassé et 3 pincées de sel.
– Posez la casserole sur feu doux et laissez cuire à petits bouillons jusqu'à ce qu'il ne reste que 1 cuil. à soupe de liquide (environ 10 min). Attention, il faut surveiller.
– Pendant ce temps, coupez en morceaux le beurre, mettez-le dans une petite casserole que vous posez sur feu doux jusqu'à ce que le beurre soit fondu. Enlevez la pellicule blanche qui s'est formée sur le beurre. Réservez le beurre ainsi clarifié.
– Posez un plat à gratin à moitié rempli d'eau chaude sur feu fort.
– Ajoutez les jaunes d'œufs dans la casserole tiède contenant le mélange « vinaigre-échalotes » et mélangez 1 min avec le fouet à main.
– L'eau du bain-marie est à ébullition, éteignez le feu, posez cette casserole dans l'eau très chaude et fouettez sans arrêt pendant 4 min. Le mélange double de volume.
– Sans arrêter de fouetter, ajoutez petit à petit le beurre fondu pour obtenir une belle sauce jaune épaisse.
– Passez cette sauce à travers une passoire fine en pressant bien avec le dos d'une cuillère à soupe pour extraire tous les sucs.
– Hachez le persil plat, ajoutez-le à la sauce et mélangez.
– Servez tiède en saucière.
– Vous pouvez servir accompagnée de toutes les viandes rouges ou blanches, avec une préférence pour la côte de boeuf ou l'entrecôte.

Mon truc en plus

* Avec les 3 blancs d'œufs non utilisés, vous pouvez préparer des *Tuiles aux amandes* (p. 126).

Vinaigrette légère

Préparation : 6 min

Pour 1 salade
(pour 4 personnes)

* 1 cuil. à soupe de vinaigre de vin blanc
* 3 cuil. à soupe d'huile d'olive
* Sel fin
* Poivre noir du moulin ⚠

– Versez le vinaigre de vin blanc dans un petit saladier, ajoutez 2 pincées de sel, mélangez avec un fouet à main pour que le sel fonde. Ajoutez l'huile d'olive, mélangez à nouveau, ajoutez 1 cuil. à soupe d'eau chaude, émulsionnez au fouet à main.
– Au moment de servir, incorporez cette vinaigrette à une salade lavée et essorée, mélangez bien. Rectifiez l'assaisonnement en sel si nécessaire et poivrez à votre goût.

Citronnette

Préparation : 6 min

Pour 1 salade
(pour 4 personnes)

* 1/2 citron (jus)
* 10 cl d'huile d'olive
* Sel fin
* Poivre noir du moulin ⚠

– Versez le jus du citron dans un petit saladier, ajoutez 3 pincées de sel, mélangez avec un fouet à main pour que le sel fonde. Ajoutez petit à petit l'huile d'olive sans arrêter de battre avec le fouet.
– Au moment de servir, incorporez cette citronnette à une salade lavée et essorée, mélangez bien et rectifiez l'assaisonnement en sel si nécessaire et poivrez à votre goût.

Mon truc en plus
Vous pouvez ajouter des herbes hachées dans la salade, par exemple 10 feuilles de basilic.

Menus

Composez vos menus d'après nos recettes, selon vos goûts ou selon la saison :

Printemps

MENU 1
Taboulé de quinoa au basilic et au lait de coco
Noix de Saint-Jacques au citron vert
Crumble aux pommes et aux raisins secs

MENU 2
Millefeuilles de betterave à la féta
Émincé de bœuf au fenouil
Mousse au chocolat

MENU 3
Soupe d'asperges au crabe et à la coriandre
Saumon cru mariné sauce gravlax
Écrasée de pommes de terre
Cake au citron

Été

MENU 1
Salade du soleil
Le gigot de 7 h
Millefeuille d'aubergines
Gâteau de carottes

MENU 2
Salade de courgettes aux pignons
Côtes d'agneau panées à la niçoise
Tian d'aubergines et tomates
Clafoutis aux cerises

MENU 3
Tartare d'avocat au crabe
Encornets frits
Clafoutis de tomates cerises au cumin
Cake au citron

Automne

MENU 1
Œufs cocotte aux œufs de saumon
Risotto aux petits pois et carottes
Tarte aux pommes

MENU 2
Soufflé au fromage
Gratin de potiron aux champignons
Moelleux au chocolat et au gingembre confit

MENU 3
Velouté de carotte au lait de coco
Darnes de saumon à la confiture de poireaux
Riz au lait au caramel

Hiver

MENU 1
Mousse de foies de volaille
Blanquette de veau
Tarte aux pommes

MENU 2
Salade tiède de lentilles au lard
La soupe des vignerons
Galettes de coquillettes au beaufort
Mousse d'ananas et son coulis

MENU 3
Salade d'endives à la sauce d'anchois
Moules gratinées
Paillasson de pommes de terre
Soufflé à la liqueur d'orange

Exotique

MENU 1
Salade thaïe de Murielle
Boulettes de porc à la thaïe
Mousse d'ananas et son coulis

MENU 2
Velouté de carotte au lait de coco
Rougets à l'orientale
Moelleux au chocolat et au gingembre confit

« Junk-food » gourmande

MENU 1
Pizza aux anchois et aux olives noires
Nuggets de poulet
Hot ketchup
Mousse au chocolat

MENU 2
Cake aux olives
Encornets frits
Mayonnaise
Crêpes

Provençal

MENU 1
Salade de courgettes aux pignons
Daube de bœuf du Luberon
Polenta
Clafoutis aux cerises

MENU 2
Fougasse au romarin
Salade du soleil
Côtes d'agneau panées à la niçoise
Clafoutis de tomates cerises au cumin
Cake au citron

Lunch-boxes

À réchauffer
MENU 1
Salade tiède de lentilles au lard
Galettes de coquillettes au beaufort
Mousse au chocolat

MENU 2
La soupe des vignerons
Daube de bœuf du Luberon
Écrasée de pommes de terre
Tarte aux pommes

À manger froid
MENU 1
Carottes à la marocaine
Salade thaïe de Murielle
Tian d'aubergines et tomates
Riz au lait au caramel

MENU 2
Salade de courgettes aux pignons
Le gigot de 7 h
Clafoutis de tomates cerises au cumin
Sablés

Index des recettes

Les recettes suivies de (V) sont des variantes

Index par produits principaux

Les recettes suivies de (V) sont des variantes

Courgette

Crabe (chair)

Crème fraîche

Cresson

Cumin

Échalote

Emmental

Encornet

Endive

Farine de maïs

Farine de pois chiche

Farine de riz blanc

Farine de sarrasin

Fenouil

Féta

Foie de volaille

Fromage blanc

Fromage de chèvre

Gingembre

Index des recettes sans produits laitiers ni gluten

Les recettes suivies de (V) sont des variantes

Table des matières